Heinz-Lothar Worm

Religion an Stationen

SPEZIAL

Personen des Neuen Testaments

Auer Verlag

Die Herausgeber:

Marco Bettner: Rektor als Ausbildungsleiter, Haupt- und Realschullehrer, Referent in der Lehrerfort- und Lehrerweiterbildung

Dr. Erik Dinges: Rektor einer Förderschule für Lernhilfe, Referent in der Lehrerfort- und Lehrerweiterbildung

Der Autor:

Dr. phil. habil. Heinz-Lothar Worm: Grund-, Haupt-, Real- und Förderschullehrer, Dozent, zahlreiche Veröffentlichungen

Gedruckt auf umweltbewusst gefertigtem, chlorfrei gebleichtem
und alterungsbeständigem Papier.

1. Auflage 2013
Nach den seit 2006 amtlich gültigen Regelungen der Rechtschreibung

Illustrationen: Stefanie Aufmuth, Julia Flasche, Steffen Jähde, Hendrik Kranenberg, Bettina Weyland
Satz: Fotosatz H. Buck, Kumhausen
Druck und Bindung: Kessler Druck + Medien GmbH, Bobingen
ISBN 978-3-403-**07146**-4

www.auer-verlag.de

Inhaltsverzeichnis

Vorwort ... 4

Materialaufstellung und Hinweise zu den einzelnen Stationen ... 5

Laufzettel ... 7

Petrus

Station 1: Interview mit Petrus ... 8
Station 2: Presseerklärung des Petrus ... 9
Station 3: Petrus merkt, dass er versagt hat ... 10
Station 4: Rätselhafter Satz ... 11
Station 5: Jesus und Petrus auf dem See Genezareth ... 12
Station 6: Petrus will Jesus verteidigen ... 13
Station 7: Petrus holt eine Verstorbene ins Leben zurück ... 14
Station 8: Kreuzworträtsel – Petrus ... 15

Paulus

Station 1: Paulus erzählt von sich ... 16
Station 2: Paulus vor Damaskus ... 17
Station 3: Paulus und Silas in Philippi ... 18
Station 4: Das Wunder von Troas ... 19
Station 5: Erlebnisse auf der Schiffsreise ... 20
Station 6: Silbenrätsel ... 21
Station 7: Die Verbrennung der Zauberbücher ... 22
Station 8: Das Hohelied der Liebe ... 23

Die Evangelisten

Station 1: Jesus beruft Matthäus ... 24
Station 2: Evangeliar der Äbtissin Ada ... 25
Station 3: Markus schreibt das Leben Jesu auf ... 26
Station 4: Eigenheiten des Markus ... 27
Station 5: Kreuzworträtsel durch das Lukasevangelium ... 28
Station 6: Lukas, der Evangelist ... 29
Station 7: Der Evangelist Johannes ... 30
Station 8: Besonderheiten des Johannesevangeliums ... 31

Verschiedene Frauengestalten

Station 1: Die alte Frau im Tempel ... 32
Station 2: Maria und Martha ... 33
Station 3: Das Vertrauen einer nichtjüdischen Frau ... 34
Station 4: Das Opfer der Witwe ... 35
Station 5: Jesus und die Frau am Jakobsbrunnen ... 36
Station 6: Jesus und die Ehebrecherin ... 37
Station 7: Die Frauen am Grab ... 38
Station 8: Die erste Christin in Europa ... 39

Geheilte Menschen

Station 1: Die Heilung des Gelähmten ... 40
Station 2: Der Mann mit der gelähmten Hand ... 41
Station 3: Der Diener des Hauptmanns ... 42
Station 4: Der Taubstumme ... 43
Station 5: Der Aussätzige ... 44
Station 6: Achtunddreißig Jahre lang krank ... 45
Station 7: Zwei Blinde ... 46
Station 8: Eine Totenerweckung ... 47

Johannes der Täufer

Station 1: Ankündigung der Geburt Johannes des Täufers ... 48
Station 2: Gabriel erscheint dem Zacharias ... 49
Station 3: Geburt Johannes des Täufers ... 50
Station 4: Johannes der Täufer tritt in die Öffentlichkeit ... 51
Station 5: Johannes tauft Jesus ... 52
Station 6: Die Boten des Täufers ... 53
Station 7: Johannes wird enthauptet ... 54
Station 8: Johannes der Täufer in der Kirchengeschichte ... 55

Verschiedene Machthaber

Station 1: Kaiser Augustus ... 56
Station 2: Kaiser Tiberius ... 57
Station 3: Herodes der Große ... 58
Station 4: Herodes Antipas, der Fürst, der Jesus verhörte ... 59
Station 5: Pontius Pilatus ... 60
Station 6: Redensarten um Pilatus ... 61
Station 7: Der Hohepriester Kaiphas ... 62
Station 8: Anweisungen an Sklaven und Herren ... 63

Lösungen ... 64

Bildquellenverzeichnis ... 78

Vorwort

Bei den vorliegenden Stationsarbeiten handelt es sich um eine Arbeitsform, bei der unterschiedliche Lernvoraussetzungen, unterschiedliche Zugänge und Betrachtungsweisen und unterschiedliche Lern- und Arbeitstempi der Schüler[1] Berücksichtigung finden. Die Grundidee ist, den Schülern einzelne Arbeitsstationen anzubieten, an denen sie gleichzeitig selbstständig arbeiten können. Die Reihenfolge des Bearbeitens der Einzelstationen ist dabei ebenso frei wählbar wie das Arbeitstempo und die Sozialform.

Als dominierende Unterrichtsprinzipien sind bei allen Stationen die Schülerorientierung und Handlungsorientierung aufzuführen. Schülerorientierung meint, dass der Lehrer in den Hintergrund tritt und nicht mehr im Mittelpunkt der Interaktion steht. Er wird zum Beobachter, Berater und Moderator.

Seine Aufgabe ist nicht das Strukturieren und Darbieten des Lerngegenstandes in kleinsten Schritten, sondern durch die vorbereiteten Stationen eine Lernatmosphäre zu schaffen, in der Schüler sich Unterrichtsinhalte eigenständig erarbeiten bzw. Lerninhalte festigen und vertiefen können.

Handlungsorientierung meint, dass das angebotene Material und die Arbeitsaufträge für sich selbst sprechen. Der Unterrichtsgegenstand und die zu gewinnenden Erkenntnisse werden nicht durch den Lehrer dargeboten, sondern durch die Auseinandersetzung mit dem Material und die eigene Tätigkeit gewonnen und begriffen.

Ziel der Veröffentlichung ist, wie bereits oben angesprochen, das Anknüpfen an unterschiedliche Lernvoraussetzungen der Schüler. Jeder Einzelne erhält seinen eigenen Zugang zum inhaltlichen Lernstoff. Die einzelnen Stationen ermöglichen das Lernen mit allen Sinnen bzw. den verschiedenen Eingangskanälen. Dabei werden sowohl visuelle (sehorientierte) als auch haptische (fühlorientierte) sowie intellektuelle Lerntypen angesprochen. An dieser Stelle werden auch gleichermaßen die Brunerschen Repräsentationsebenen (enaktiv bzw. handelnd, ikonisch bzw. visuell und symbolisch) mit einbezogen. Aus Ergebnissen der Wissenschaft ist bekannt: Je mehr Eingangskanäle angesprochen werden, umso besser und langfristiger wird Wissen gespeichert und damit umso fester verankert.

Das vorliegende Arbeitsheft unterstützt in diesem Zusammenhang das Erinnerungsvermögen, das nicht nur an Einzelheiten und Begriffe geknüpft ist, sondern häufig auch an die Lernsituation.

Folgende Inhalte des Religionsunterrichts werden innerhalb der verschiedenen Stationen behandelt:

- Petrus
- Paulus
- Die Evangelisten
- Verschiedene Frauengestalten
- Geheilte Menschen
- Johannes der Täufer
- Verschiedene Machthaber

1 Aufgrund der besseren Lesbarkeit ist in diesem Buch mit Schüler auch immer Schülerin gemeint, ebenso verhält es sich mit Lehrer und Lehrerin etc.

Materialaufstellung und Hinweise zu den einzelnen Stationen

Petrus

Die Seiten 8 bis 15 sind in entsprechender Anzahl zu vervielfältigen und den Schülern bereitzulegen. Als Möglichkeit zur Selbstkontrolle können gegebenenfalls Lösungsseiten erstellt werden.

Seite 8 Station 1: **Interview mit Petrus:** Handys, Diktiergeräte oder Kassettenrecorder bereithalten
Seite 9 Station 2: **Presseerklärung des Petrus:** Internetzugang ermöglichen
Seite 11 Station 4: **Rätselhafter Satz:** Bibeln bereitlegen
Seite 12 Station 5: **Jesus und Petrus auf dem See Genezareth:** Scheren und Klebstoff bereitlegen
Seite 13 Station 6: **Petrus will Jesus verteidigen:** Scheren und Klebstoff bereitlegen
Seite 15 Station 8: **Kreuzworträtsel – Petrus:** Lutherbibeln bereitlegen

Paulus

Die Seiten 16 bis 23 sind in entsprechender Anzahl zu vervielfältigen und den Schülern bereitzulegen. Als Möglichkeit zur Selbstkontrolle können gegebenenfalls Lösungsseiten erstellt werden.

Seite 17 Station 2: **Paulus vor Damaskus:** Scheren und Klebstoff bereitlegen
Seite 19 Station 4: **Das Wunder von Troas:** Bibel bereitlegen
Seite 20 Station 5: **Erlebnisse auf der Schiffsreise:** Bibeln bereitlegen
Seite 23 Station 8: **Das Hohelied der Liebe:** Buntstifte oder bunte Faserschreiber bereitlegen

Die Evangelisten

Die Seiten 24 bis 31 sind in entsprechender Anzahl zu vervielfältigen und den Schülern bereitzulegen. Als Möglichkeit zur Selbstkontrolle können gegebenenfalls Lösungsseiten erstellt werden.

Seite 24 Station 1: **Jesus beruft Matthäus:** Bibeln bereitlegen
Seite 25 Station 2: **Evangeliar der Äbtissin Ada:** Scheren und Klebstoff bereitlegen
Seite 27 Station 4: **Eigenheiten des Markus:** Lutherbibeln bereitlegen
Seite 28 Station 5: **Kreuzworträtsel durch das Lukasevangelium:** Lutherbibeln bereitlegen (Fassung von 1912)
Seite 29 Station 6: **Lukas, der Evangelist:** Bibeln bereitlegen
Seite 30 Station 7: **Der Evangelist Johannes:** Internetzugang ermöglichen
Seite 31 Station 8: **Besonderheiten des Johannesevangeliums:** Lutherbibeln bereitlegen

Verschiedene Frauengestalten

Die Seiten 32 bis 39 sind in entsprechender Anzahl zu vervielfältigen und den Schülern bereitzulegen. Als Möglichkeit zur Selbstkontrolle können gegebenenfalls Lösungsseiten erstellt werden.

Seite 32 Station 1: **Die alte Frau im Tempel:** Bibeln bereitlegen
Seite 33 Station 2: **Maria und Martha:** Bibeln bereitlegen
Seite 34 Station 3: **Das Vertrauen einer nichtjüdischen Frau:** Bibeln bereitlegen
Seite 36 Station 5: **Jesus und die Frau am Jakobsbrunnen:** Handys, Diktiergeräte, Kassettenrecorder und evtl. PC bereithalten
Seite 37 Station 6: **Jesus und die Ehebrecherin:** Bibeln bereitlegen
Seite 38 Station 7: **Die Frauen am Grab:** Scheren und Klebstoff bereitlegen
Seite 39 Station 8: **Die erste Christin in Europa:** Internetzugang ermöglichen

Geheilte Menschen

Die Seiten 40 bis 47 sind in entsprechender Anzahl zu vervielfältigen und den Schülern bereitzulegen. Als Möglichkeit zur Selbstkontrolle können gegebenenfalls Lösungsseiten erstellt werden.

Seite 40 Station 1: **Die Heilung des Gelähmten:** Scheren und Klebstoff bereitlegen
Seite 41 Station 2: **Der Mann mit der gelähmten Hand:** Bibeln (Die gute Nachricht) bereitlegen
Seite 42 Station 3: **Der Diener des Hauptmanns:** Handys, Diktiergeräte, Kassettenrecorder und evtl. PC bereithalten
Seite 44 Station 5: **Der Aussätzige:** Bibeln bereitlegen, Internetzugang ermöglichen

Johannes der Täufer

Die Seiten 48 bis 55 sind in entsprechender Anzahl zu vervielfältigen und den Schülern bereitzulegen. Als Möglichkeit zur Selbstkontrolle können gegebenenfalls Lösungsseiten erstellt werden.

Seite 48 Station 1: **Ankündigung der Geburt Johannes des Täufers:** Bibeln bereitlegen, Internetzugang ermöglichen
Seite 49 Station 2: **Gabriel erscheint dem Zacharias:** Klebstoff und Scheren bereitlegen
Seite 50 Station 3: **Geburt Johannes des Täufers:** Internetzugang ermöglichen
Seite 51 Station 4: **Johannes der Täufer tritt in die Öffentlichkeit:** Bibeln bereitlegen
Seite 53 Station 6: **Die Boten des Täufers:** Bibel bereitlegen
Seite 54 Station 7: **Johannes wird enthauptet:** Internetzugang ermöglichen

Verschiedene Machthaber

Die Seiten 56 bis 63 sind in entsprechender Anzahl zu vervielfältigen und den Schülern bereitzulegen. Als Möglichkeit zur Selbstkontrolle können gegebenenfalls Lösungsseiten erstellt werden.

Seite 56 Station 1: **Kaiser Augustus:** Landkarten vom Mittelmeerraum bereitstellen/Internetzugang ermöglichen
Seite 57 Station 2: **Kaiser Tiberius:** Bibeln bereitlegen
Seite 58 Station 3: **Herodes der Große:** Bibeln bereitlegen
Seite 59 Station 4: **Herodes Antipas, der Fürst, der Jesus verhörte:** Bibeln bereitlegen
Seite 60 Station 5: **Pontius Pilatus:** Bibeln bereitlegen
Seite 61 Station 6: **Redensarten um Pilatus:** Bibeln und Redensarten-Lexikon bereitlegen
Seite 62 Station 7: **Der Hohepriester Kaiphas:** Internetzugang ermöglichen
Seite 63 Station 8: **Anweisungen an Sklaven und Herren:** Bibeln und Buntstifte/bunte Faserschreiber bereitlegen

Laufzettel

für ______________________________

Pflichtstationen

Stationsnummer	erledigt	kontrolliert
Nummer ______		
Nummer ______		
Nummer ______		
Nummer ______		
Nummer ______		
Nummer ______		
Nummer ______		

Wahlstationen

Stationsnummer	erledigt	kontrolliert
Nummer ______		
Nummer ______		
Nummer ______		
Nummer ______		
Nummer ______		

Station 1

Interview mit Petrus

Name: ____________________

Aufgabe:

Suche dir einen Partner und zeichne das Interview mit dem Handy/Diktiergerät o. ä. auf.

Reporter: Wie wäre Ihr Leben verlaufen, wenn Sie Jesus von Nazareth nicht begegnet wären?

Petrus: Dann … dann wäre ich ein völlig unbekannter Fischer vom See Genezareth geblieben. Aber durch Jesus bin ich in der ganzen Welt bekannt geworden.

Reporter: Das kann man wohl sagen! Wie war denn Ihre erste Begegnung mit Jesus?

Petrus: Damals saßen mein Bruder Andreas und ich am Ufer des Sees und flickten die Netze. Jesus wollte zu den Menschen, die zu ihm gekommen waren, sprechen. Deshalb bat er mich, ihn mit meinem Boot ein Stück vom Ufer wegzufahren. Er redete vom Boot aus und alle Zuhörer konnten ihn gut verstehen. Anschließend sagte er: „Fahre jetzt noch einmal hinaus und wirf dein Netz aus!" Ich meinte: „Jetzt am Tag? Da fängt man hier nichts. Wir haben doch die ganze Nacht gefischt und nichts gefangen. Aber meinetwegen – weil du es sagst …" Und dann war das Netz so voller Fische, dass das Boot fast gesunken wäre.

Reporter: Unglaublich!

Petrus: Da habe ich gemerkt: Dieser Mann stammt aus Gottes Welt. Dieser Mann ist Gottes Sohn.

Reporter: Und von da an gingen Sie mit ihm?

Petrus: Ja, er forderte mich auf. Er sagte: „Folge mir nach! Ich will dich zu einem Menschenfischer machen."

Reporter: Und das reichte Ihnen aus? Sie haben doch Ihren Vater allein im Boot zurückgelassen und sind mit Jesus umhergezogen. Nur aufgrund dieser Aufforderung?

Petrus: So kann man nur fragen, wenn man ihn nicht kennt. Er war einfach etwas ganz Besonderes.

Reporter: Besondere Dinge haben Sie ja auch mit ihm erlebt.

Petrus: Ja. Einmal war er Gast in meinem Haus in Kapernaum. Meine Schwiegermutter war krank geworden und litt an einem hohen Fieber. Jesus ließ sich zu ihr bringen, ergriff ihre Hand und richtete sie auf. Da verschwand das Fieber sofort. Meine Schwiegermutter war wieder gesund und machte für uns alle das Abendbrot.

Reporter: Sie könnten sicherlich viele solcher Ereignisse erzählen.

Petrus: Natürlich! Ich habe ja alle Wunder hautnah miterlebt.

Name: ____________________

Presseerklärung des Petrus

Bis zur Auferstehung Jesu war ich vom Meister selbst zum Schweigen verpflichtet. Nun darf ich berichten, was damals geschehen ist.

Eines Tages nahm Jesus Jakobus, Johannes und mich mit auf einen hohen Berg. Wir vier waren ganz allein. Plötzlich ging eine Veränderung mit Jesus vor. Seine Kleider wurden leuchtend weiß, weißer, als ich es je gesehen habe. Auf einmal standen zwei Männer bei ihm. Es waren Mose und Elia. Sie sprachen mit ihm. Ich war völlig verwirrt und schlug vor: „Wir wollen drei Zelte aufschlagen, Meister. Eins für dich, eins für Mose und eins für Elia. Es ist schön, dass wir hier sind." Da kam eine Wolke, die ihren Schatten auf alle warf. Aus der Wolke kam eine Stimme, die sagte: „Das ist mein Sohn! Ihm gilt meine Liebe. Auf ihn sollt ihr hören!" Dann war nur noch Jesus alleine da.

Beim Abstieg vom Berg gebot Jesus: „Erzählt niemandem von dem, was ihr hier gesehen habt, bis ich vom Tod auferstanden bin!" Damals hatte ich keine Ahnung, was er damit meinte, aber jetzt weiß ich es und darf darüber reden.

Aufgabe:

Beantworte folgende Fragen.

1. Wer war Elia? Recherchiere im Internet.

____

____

____

2. Wer war Mose? Recherchiere im Internet.

____

____

____

3. Zu wem gehörte die Stimme, die aus der Wolke kam?

____

____

Petrus

Station 3

Petrus merkt, dass er versagt hat

Name: ______________________

Aufgabe:

Setze die fehlenden Begriffe in den Lückentext ein.

Abend Anhängern Dialekt Feuer Figur Hahn Meister Palast Stich Versagen Vorhalle

Die Verleugnung des Petrus

„Bei dieser Sache habe ich keine gute ______________________ abgegeben. Im Gegenteil, ich habe schmählich versagt. Aber später hat sich zwischen dem ______________________ und mir alles wieder geklärt – zum Glück.

Als Jesus verhaftet worden war, brachten sie ihn in den ______________________ des obersten Priesters. Ich wollte wissen, was sie mit ihm vorhatten und mischte mich unter die Leute, die dort schon waren. Ich hielt mich am ______________________ auf, das im Hof brannte, denn es wurde kühl. Da sagte eine Sklavin: „Du warst doch auch mit dem Jesus aus Nazareth zusammen." Ich antwortete: „Unsinn! Wovon redest du überhaupt?" Ich verzog mich dann in die ______________________. Ein Hahn krähte. Da entdeckte das Mädchen mich wieder und sagte: „Du gehörst auch zu ihnen." Ich stritt es natürlich wieder ab. Da meinten andere: „Du gehörst eindeutig zu den ______________________ von Jesus. Man hört doch an deinem ______________________, dass du aus Galiläa kommst." Jetzt wurde es brenzlig für mich. Ich schrie: „Ich kenne den Mann nicht, von dem ihr redet."

Da krähte der ______________________ zum zweiten Mal. Und jetzt fiel es mir ein. Jesus hatte zu mir am ______________________ vorher gesagt: „Bevor der Hahn zweimal kräht, wirst du dreimal behaupten, dass du mich nicht kennst." Ich hatte nämlich angegeben: „Selbst wenn ich mit dir sterben müsste, würde ich dich nicht im ______________________ lassen." Und nun das! Ich war verzweifelt über mich und weinte bitterlich über mein ______________________."

Station 4

Name: ____________________

Rätselhafter Satz

Aufgabe 1:

Schreibe den Spiralsatz richtig auf.

____

____

____

Aufgabe 2:

Lies Joh 21,15–7!

a) Dort gibt Jesus dem Petrus drei ähnlich lautende Befehle. Schreibe sie auf.

1. ____

2. ____

3. ____

b) Welchen Auftrag erhält Petrus?

____

____

____

____

Station 5

Jesus und Petrus auf dem See Genezareth

Name: ____________________

Aufgabe:

Schneide die Streifen aus und bringe Text und Bild in Ordnung.

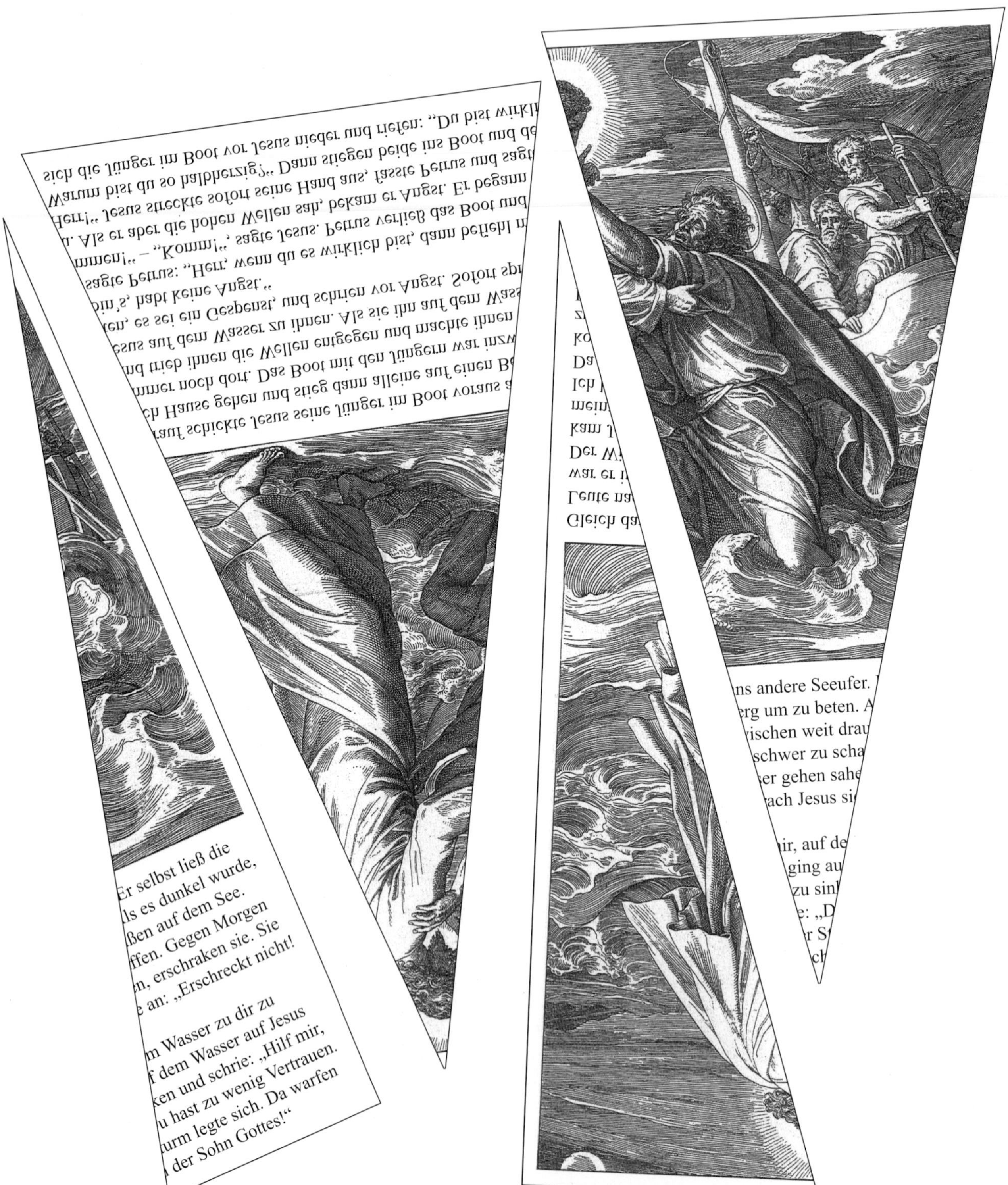

Station 6

Petrus will Jesus verteidigen

Name: ____________________

Aufgabe 1:

Nummeriere in der richtigen Reihenfolge.

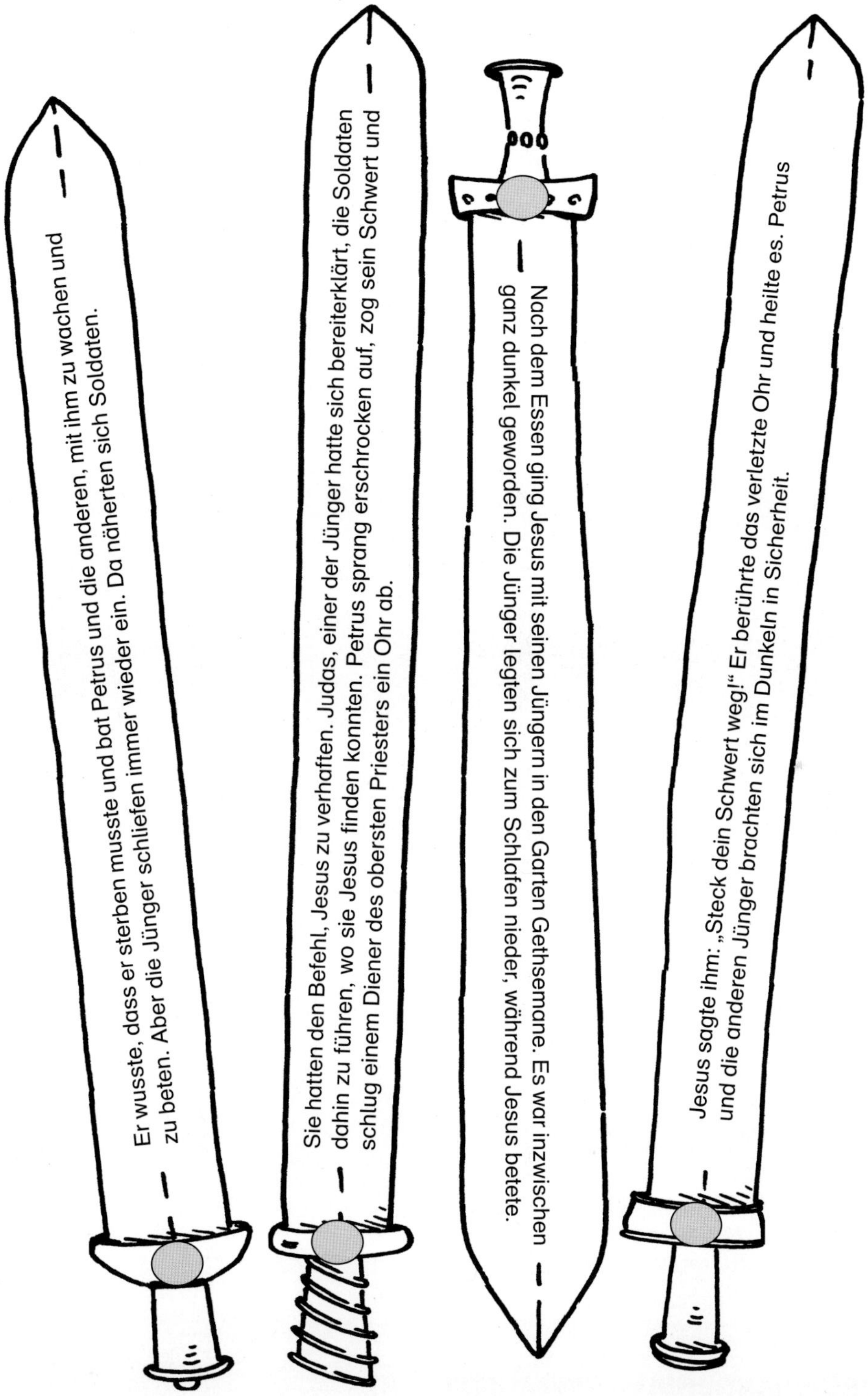

Aufgabe 2:

Bilde mit etwa fünf Klassenkameraden eine Gruppe und entwerft gemeinsam ein Standbild der im Text geschilderten Szene. Lasst nacheinander Petrus und Jesus aus dem Bild heraustreten und ihr Handeln erklären.

Station 7

Petrus holt eine Verstorbene ins Leben zurück (Apg 9,36–43)

Name: ______________________

Aufgabe:

Entwirre die Satzschlangen, indem du die Sätze richtig aufschreibst. Ergänze fehlende Kommas.

INJOPPEWOHNTEEINECHRISTINMITNAMENTABITA.

SIEHATTEVIELGUTESGETANUNDDENARMENGEHOLFEN.

NUNABERWARSIEKRANKGEWORDENUNDGESTORBEN.

MANHATTESIEGEWASCHENUNDIMOBERGEMACHAUFGEBAHRT.

MANLIEßPETRUSDERINDERNÄHEWARHOLEN.

MANFÜHRTEPETRUSINDASOBERGEMACH.

DIEWITWENDERGEMEINDEDRÄNGTENSICHUMIHN.

SIEZEIGTENIHMWEINENDDIEKLEIDERDIETABITAFÜRSIEGEMACHTHATTE.

PETRUSSCHICKTESIEALLEAUSDEMZIMMERKNIETENIEDERUNDBETETE.

DANNSAGTEER:TABITASTEHAUF!

SIEÖFFNETEDIEAUGENUNDALSSIEPETRUSERBLICKTESETZTESIESICHAUF.

ERREICHTEIHRDIEHANDUNDHALFIHRAUFDIEFÜßE.

DANNRIEFERDIEWITWENUNDFÜHRTEIHNENDIELEBENDIGETABITAZU.

Name: ____________________

Kreuzworträtsel – Petrus

Aufgabe:

Finde das Lösungswort. Es nennt einen weiteren Jünger Jesu.

Waagrecht

1. Tempelstadt, in die Petrus mit Jesus reiste (Mk 10,32); 5. Bezeichnung für die Jünger Jesu nach der Himmelfahrt (Apg 1,2); 7. Naturereignis auf dem See Genezareth (Mk 4,35–41); 9. Er erschien Jesus und den Jüngern auf einem Berg (Lk 9,30); 12. Unfreiwilliger Aufenthaltsort des Petrus (Apg 12,5–10); 14. Heiligtum in Jerusalem (Lk 19,45); 16. Dorthin rannte Petrus am Ostermorgen (Joh 20,3); 17. Eine Verwandte von Petrus, die Fieber hatte (Mt 8,14); 19. Ereignis, das mit dem Beruf des Petrus zusammenhing (Lk 5,1–10)

Senkrecht:

2. Er erschien Jesus und seinen Jüngern auf einem Berg (Lk 9,30); 3. Garten, in dem Petrus bei der Verhaftung Jesu einem Mann ein Ohr abschlug (Mt 26,51); 4. Ereignis, in dem Jesus auf einem Berg eine göttliche Gestalt annahm (Lk 9,28–36); 6. Prächtiges Haus, in das Petrus sich einschlich, um den gefangenen Jesus zu beobachten (Mt 26,58); 8. Er befreite Petrus aus dem Gefängnis (Apg 12,5–10); 10. Wohnort des Petrus (Mt 4,13–20); 11. Landschaft, in der Petrus als Fischer lebte (Mt 4,12); 13. Fahrzeug, mit dem Petrus oft über den See fuhr; 15. Berg, von dem Jesus aus die Himmelfahrt antrat (Apg 1,12); 18. Tier, das Petrus an sein Versagen erinnerte (Mk 14,72)

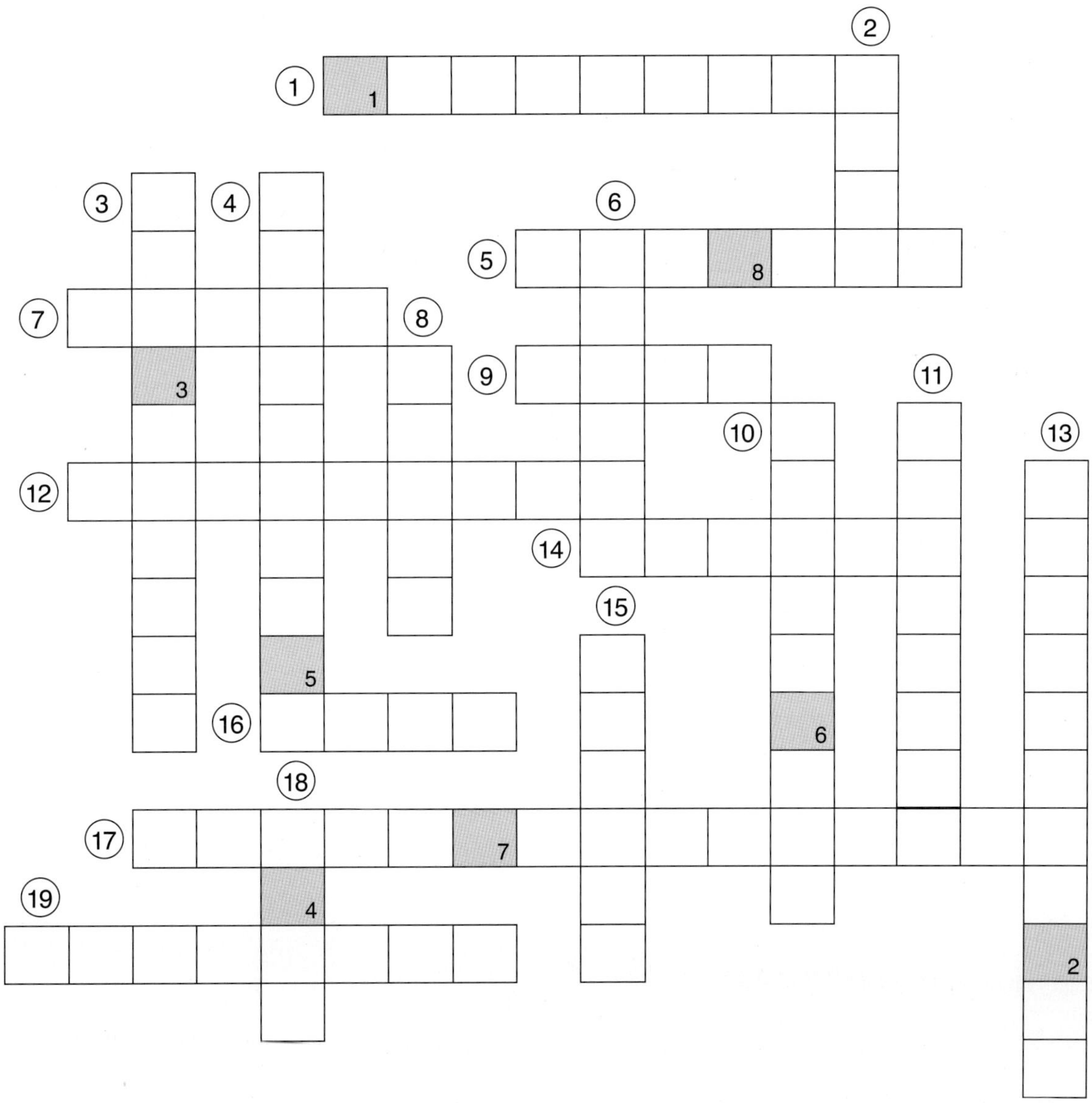

Lösungswort:

1	2	3	4	5	6	7	8

Station 1

Name: ______________

Paulus erzählt von sich

Aufgabe:

Die einzelnen Teile sind durcheinandergeraten. Nummeriere den Text in der richtigen Reihenfolge.

☐ auch eins. Ich wurde Zeltmacher. Als junger Mann reiste ich nach Jerusalem, das religiöse Zentrum unseres Glaubens. Dort erfuhr ich, dass es eine neue Gruppe von Menschen gab, die sich später Christen nannten und glaubten, dass ein gewisser Jesus, den man am Kreuz hingerichtet hatte, der von Gott versprochene Messias und Retter sei. Für mich war das ein

☐ Meine Geburtsstadt Tarsus liegt ganz im Süden der heutigen Türkei. Meine Eltern waren strenge Juden und erzogen mich im jüdischen Glauben. Mein Vater hatte für viel Geld das römische Bürgerrecht gekauft, ich war deshalb von Geburt römischer Bürger. Mein jüdischer

☐ unerträglicher Gedanke und ich bekämpfte diese in meinen Augen verrückten Leute. Stephanus war ein glühender Anhänger dieser neuen Lehre. Er beschuldigte die gläubigen Juden, dass sie nicht gemerkt hätten, dass Jesus der von Gott versprochene Messias und Retter gewesen sei und dass sie ihn den Römern zur Hinrichtung übergeben hätten. Aber nun sei er,

☐ bewarf, bis er tot war. Und ich saß dabei und bewachte die Obergewänder der Leute, die den Stephanus töteten. Damals glaubte ich noch, die Leute wären völlig im Recht und man müsse die neue Irrlehre ausrotten. Ich ahnte noch nicht, dass ich selbst bald diesem Jesus von Nazareth begegnen würde.

☐ Name war Saulus, mein römischer Name lautete Paulus. Nach meiner Begegnung mit Jesus – das war vor Damaskus – nannte ich mich nur noch Paulus, weil ich dann ja fast nur noch mit Nichtjuden zu tun hatte. Ich gehörte zu der strengen Richtung der Pharisäer, die viele Gebote zu beachten haben und es mit ihrem Glauben sehr ernst nehmen. Alle Pharisäer lernen ein Handwerk, also lernte ich

☐ dieser Jesus von Nazareth, von Gott erhöht worden und säße im Himmel zu seiner rechten Hand. Das war zu viel für die Frommen. Sie führten ihn hinaus vor die Stadt und steinigten ihn. Steinigen bedeutete, dass man jemanden buchstäblich von allen Seiten mit Steinen

Paulus vor Damaskus

Name: ______________________

Aufgabe:

Schneide die Streifen aus und bringe Text und Bild in Ordnung.

Station 3

Name: ____________

Paulus und Silas in Philippi

In Philippi trafen Paulus und Silas auf dem Weg zur Gebetsstätte eine Sklavin. Aus ihr redete ein Geist, der die Zukunft wusste. Mit ihren Prophezeiungen brachte sie ihren Besitzern viel Geld ein. Das Mädchen lief hinter Paulus und den anderen her und rief: „Diese Leute sind Diener des höchsten Gottes. Sie können euch sagen, wie ihr gerettet werdet." Das ging einige Tage so, bis Paulus es nicht länger anhören konnte. Er drehte sich um und sagte zu dem Geist: „Ich befehle dir im Namen Jesu Christi: Fahre von ihr aus!!" Im gleichen Augenblick verließ sie der Wahrsagegeist. Als die Besitzer der Sklavin merkten, dass der Geist, der ihnen so viel Geld gebracht hatte, aus dem Mädchen ausgefahren war, packten sie Paulus und Silas. Sie schleppten sie auf den Marktplatz vor das städtische Gericht und verklagten sie: „Diese Juden stiften Unruhe in unserer Stadt." Auch das Volk war aufgebracht und verlangte ihre Bestrafung. Die Beamten ließen Paulus und Silas die Kleider vom Leibe reißen und sie auspeitschen. Dann warf man sie ins Gefängnis. Sie kamen in die hinterste Zelle und ihre Füße wurden in den Holzblock eingeschlossen. Um Mitternacht beteten Paulus und Silas und priesen Gott in Lobgesängen. Die anderen Gefangenen hörten es. Plötzlich erschütterte ein heftiges Erdbeben das Gefängnis, alle Türen sprangen auf und die Fesseln fielen ab. Als der Gefängniswärter die Türen offen stehen sah, dachte er, die Gefangenen wären geflohen. Er zog sein Schwert und wollte sich töten. Da rief Paulus: „Halt! Wir sind alle noch hier!" Der Gefängniswärter warf sich zitternd vor Paulus und Silas nieder. Er führte sie hinaus und fragte: „Ihr Herren, was muss ich tun, um gerettet zu werden?" „Nimm Jesus als deinen Herrn an und vertraue ihm, dann wirst du gerettet und deine Angehörigen mit dir." Sie sagten ihm und allen anderen in seinem Haus die Botschaft Gottes. Dann wusch der Gefängniswärter ihnen ihre Wunden. Er ließ sich mit seinem ganzen Haus taufen. Er führte die beiden hinauf in seine Wohnung und bewirtete sie. Er und seine Leute waren glücklich, dass sie zum Glauben an Gott gefunden hatten. Als es Tag wurde, schickten die Stadtobersten die Gerichtsboten mit der Weisung, die beiden Männer freizulassen. Der Gefängniswärter sagte zu Paulus: „Ich habe Befehl bekommen euch freizulassen. Ihr könnt unbehelligt weggehen." Paulus aber rief den Boten nach: „Man hat uns ohne Urteil öffentlich ausgepeitscht, obwohl wir das römische Bürgerrecht haben. Man hat uns ins Gefängnis geworfen. Und nun will man uns heimlich abschieben? Nein, die Verantwortlichen sollen persönlich kommen und uns freilassen." Die Vorgesetzten kamen und entschuldigten sich.

Aufgabe:

Nummeriere die folgenden Schlagzeilen der Zeitungsmeldungen in der richtigen Reihenfolge.

[ ] **Terroristen festgenommen und ausgepeitscht**

[ ] Jüdische Fremdlinge verursachen Aufruhr

[ ] *Gefängniswärter nimmt fremden Glauben an*

[ ] ***Erdbeben zerstört Schließanlage in der Justizvollzugsanstalt***

[ ] **Junge Wahrsagerin plötzlich dienstuntauglich**

[ ] ***Stadtoberhäupter entschuldigen sich***

Station 4

Name: ______________________

Das Wunder von Troas

Aufgabe 1:

Setze die fehlenden Begriffe in den Lückentext ein.

Brot   Fensterbank   Freude   Halt   Lampen   Mann   Mitternacht
Morgen   Sonne   Sorgen   Stockwerke   Versammelten

Paulus befand sich auf einer Missionsreise. Er hatte in Troas ______________________ gemacht und wollte am nächsten ______________________ weiter reisen. Viele Leute versammelten sich in einem Haus, um ihm zuzuhören. Er sprach zu den ______________________ und weil er zum letzten Mal bei ihnen war, dehnte er seine Rede bis ______________________ aus. Im Versammlungsraum im obersten Stockwerk brannten viele ______________________. Auf der ______________________ saß ein junger Mann namens Eutychus. Als Paulus so lange sprach, schlief er ein und fiel drei ______________________ tief aus dem Fenster. Als man ihn aufhob, war er tot. Paulus aber ging hinunter, legte sich auf ihn, umfasste ihn und sagte: „Macht euch keine ______________________, er lebt." Dann ging er wieder hinauf, teilte das ______________________ aus und aß mit ihnen. Er sprach noch lange mit ihnen und verabschiedete sich erst, als die ______________________ aufging. Den jungen ______________________ brachte man gesund nach Hause. Alle waren von großer ______________________ erfüllt.

Aufgabe 2:

Troas lag in Kleinasien, in der heutigen Türkei. Schaue die Karte der Missionsreisen von Paulus in deiner Bibel an, finde Troas und zeichne es auf der unten stehenden Karte ein.

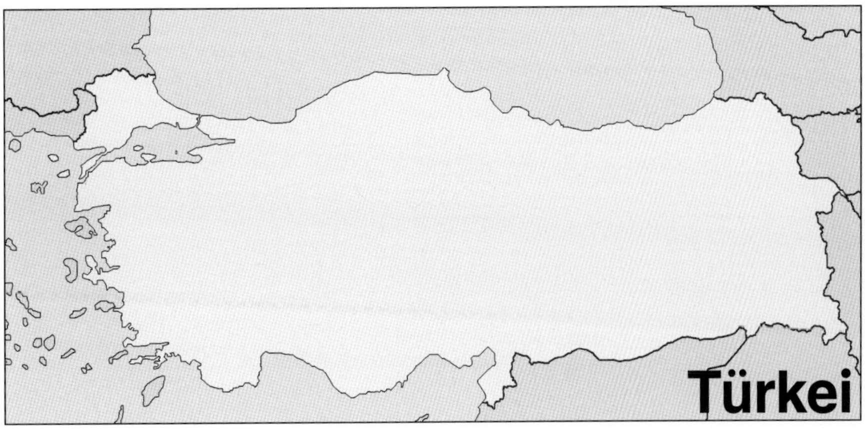

Name: ____________________

Erlebnisse auf der Schiffsreise

Als Gefangener wurde Paulus auf ein Schiff gebracht, das ihn zum Kaiser nach Rom bringen sollte. Soldaten an Bord mussten ihn und andere Gefangene bewachen. Es war schon Herbst und die Schifffahrt war wegen der Stürme gefährlich geworden. Vor der Küste von Kreta brach ein fürchterlicher Sturm los, der viele Tage nicht nachlassen wollte. Die Seeleute warfen einen Teil der Ladung über Bord, um das Schiff zu erleichtern. Sie verloren alle Hoffnung auf Rettung. Keiner wollte mehr etwas essen. Da sagte Paulus: „Lasst den Mut nicht sinken, alle werden am Leben bleiben, nur das Schiff geht verloren. In der vergangenen Nacht erschien mir nämlich ein Engel des Gottes, dem ich gehöre und dem ich diene, und sagte zu mir: Hab keine Angst, Paulus, du musst vor den Kaiser treten und auch alle anderen, die mit dir auf dem Schiff sind, wird Gott deinetwegen retten. Also seid mutig, Männer! Ich vertraue Gott, dass alles so kommen wird, wie er es mir zugesagt hat. Wir werden an einer Insel stranden.“

Vierzehn Tage und Nächte trieb das Schiff im Sturm. Die Seeleute vermuteten, dass Land in der Nähe wäre. Sie wollten heimlich das Schiff mit dem Boot verlassen, aber die Soldaten hinderten sie daran. Noch bevor es Tag wurde, forderte Paulus alle auf, sie sollten etwas essen. Gegen Morgen geriet das Schiff auf eine Sandbank und zerbrach. Die Soldaten wollten alle Gefangenen töten, damit keiner fliehen konnte, aber der Hauptmann verbot es, weil er Paulus retten wollte. Mit Hilfe von Wrackteilen erreichten alle das sichere Land, die Insel Malta. Die Bewohner hatten für die Schiffbrüchigen ein Feuer entfacht, damit sie sich wärmen konnten. Paulus raffte ein Bündel Reisig zusammen und warf es in die Flammen. Da schoss eine Schlange heraus und biss sich an seiner Hand fest. Die Leute sahen die Schlange an seiner Hand und sagten: „Der Mann muss ein Mörder sein. Dem Meer ist er entkommen, jetzt trifft ihn die Strafe doch.“ Aber Paulus schleuderte die Schlange ins Feuer und es geschah ihm nichts. Sie warteten darauf, dass er langsam anschwellen oder plötzlich tot umfallen würde. Nachdem sie ihn aber eine Zeit lang beobachtet hatten und nichts dergleichen geschah, meinten sie, er müsse ein Gott sein.

Aufgabe:

In Mk 16,18 verspricht Jesus seinen Nachfolgern, dass Schlangen und Gift ihnen nicht schaden können. Notiere den Wortlaut dieser Textstelle.

____

____

____

____

____

Station 6

Silbenrätsel

Name: ____________________

Aufgabe:

Löse das Rätsel mithilfe der folgenden Silben. Die Anfangsbuchstaben, von oben nach unten gelesen, ergeben das Lösungswort.

A - BE - BEN - BER - BLOCK - CHUS - DA - DER - DUNG - ER - ER - ERD - EU - FEN - GE - HOLZ - IN - KUS - LA - LAS - LAU - MAS - NACH - NUNG - O - PHA - RI - SÄ - SCHEI - SEL - SI - SUS - TAR - THEN - TY - WÄN

1. Wo hinein wurden im Gefängnis von Philippi die Füße von Paulus und Silas geschlossen?
2. Welches Erlebnis hatte Paulus vor Damaskus?
3. Malta, wo das Schiff mit dem gefangenen Paulus strandete, ist eine ...?
4. Stadt, vor deren Toren Jesus dem Paulus erschien.
5. Naturerscheinung in der Nacht, als Paulus und Silas in Philippi im Gefängnis waren.
6. Was tat die Sklavin mit dem Wahrsagegeist?
7. Hauptstadt Griechenlands, die Paulus besuchte, um dort eine Rede zu halten.
8. Zu welcher religiösen Gruppe gehörte Saulus in seiner Jugend?
9. Welche Kleidungsstücke bewachte Saulus, als Stephanus gesteinigt wurde?
10. Name des Gefährten von Paulus
11. Geburtsort des Paulus
12. Name des junge Mannes, den Paulus wieder zum Leben erweckte
13. Was warfen die Seeleute im Sturm über Bord?

1. ____________________
2. ____________________
3. ____________________
4. ____________________
5. ____________________
6. ____________________
7. ____________________
8. ____________________
9. ____________________
10. ____________________
11. ____________________
12. ____________________
13. ____________________

Lösungswort: ____________________

Die Verbrennung der Zauberbücher

Name: ______________________

In Ephesus besuchte Paulus die Christen und heilte dort viele Kranke. Viele von ihnen gaben zu, dass sie früher Zauberkünste getrieben hatten. Sie brachten ihre Zauberbücher und verbrannten sie öffentlich. Man schätzte, dass die verbrannten Bücher 50 000 Silberstücke wert waren. So erwies die Botschaft des Herrn ihre Macht und breitete sich immer weiter aus.

Bücherverbrennungen gab es immer wieder im Laufe der Geschichte. Vor einiger Zeit haben amerikanische Soldaten den Koran, das heilige Buch der Muslime, öffentlich verbrannt.

Es gilt also zu unterscheiden:

- Eine „gute" Bücherverbrennung ist eine Aktion, bei der Menschen sich selbst von Büchern, die ihnen nichts mehr bedeuten, trennen.
- Eine „schlechte" Bücherverbrennung findet dann statt, wenn Menschen die Bücher anderer Leute verbrennen, um damit ihre Ansichten herabzusetzen.

Aufgabe:

Notiere, warum die Aktion in Ephesus eine „gute" Bücherverbrennung war.

____

____

____

Name: ____________

Das Hohelied der Liebe

Wenn ich in den Sprachen der Menschen und Engel redete,
hätte aber die Liebe nicht, wäre ich dröhnendes Erz oder eine lärmende Pauke.
Und wenn ich prophetisch reden könnte
und alle Geheimnisse wüsste und alle Erkenntnis hätte;
wenn ich alle Glaubenskraft besäße und Berge damit versetzen könnte,
hätte aber die Liebe nicht, wäre ich nichts.
Und wenn ich meine ganze Habe verschenkte
und wenn ich meinen Leib dem Feuer übergäbe,
hätte aber die Liebe nicht, nützte es mir nichts.

Die Liebe ist langmütig, die Liebe ist gütig.
Sie ereifert sich nicht, sie prahlt nicht, sie bläht sich nicht auf.
Sie handelt nicht ungehörig, sucht nicht ihren Vorteil,
lässt sich nicht zum Zorn reizen, trägt das Böse nicht nach.
Sie freut sich nicht über das Unrecht, sondern freut sich an der Wahrheit.
Sie erträgt alles, glaubt alles, hofft alles, hält allem stand.
Die Liebe hört niemals auf.
Prophetisches Reden hat ein Ende, Zungenrede verstummt, Erkenntnis vergeht.
Denn Stückwerk ist unser Erkennen, Stückwerk unser prophetisches Reden;
wenn aber das Vollendete kommt, vergeht alles Stückwerk. [...]

Für jetzt bleiben Glaube, Hoffnung, Liebe, diese drei;
doch am größten unter ihnen ist die Liebe.

1. Kor 13,1–13

Paulus verfasste dieses besonders bei Brautpaaren beliebte Loblied auf die Liebe um 55 n. Chr. für die neu gegründete christliche Gemeinde von Korinth. Das ist ganz schön lange her!

Aufgabe 1:

Aktualisiere das Hohelied der Liebe. Schreibe dazu in heutiger Sprache, gerne darfst du auch in Jugendsprache formulieren. An manchen Stellen möchtest du vielleicht sogar inhaltlich etwas verändern – nur zu! Erkläre im Anschluss deinen Klassenkameraden deine Gedanken.

Aufgabe 2:

Wer nicht liebt, hat Gott nicht erkannt; denn <u>Gott ist die Liebe</u>“ (1. Joh 4,8)

Gibt diese Stelle aus dem Ersten Johannesbrief dem Hohelied der Liebe nicht eine noch tiefere Bedeutung? Sprecht darüber.

Name: ____________

Jesus beruft Matthäus

Aufgabe 1:

Die einzelnen Teile sind durcheinandergeraten. Nummeriere den Text in der richtigen Reihenfolge.

☐ Jesus hörte es und antwortete: „Nicht die Gesunden brauchen den Arzt, sondern die Kranken. Überlegt doch einmal, was es bedeutet, wenn Gott sagt:

☐ Einige Pharisäer sahen es und fragten die Jünger: „Wie kann euer Lehrer sich mit Zolleinnehmern und ähnlichem Gesindel an einen Tisch setzen?"

☐ Später war Jesus bei Matthäus zu Gast. Da kamen viele Zolleinnehmer und andere, die einen ebenso schlechten Ruf hatten, um mit ihm und seinen Jüngern zu essen.

☐ Jesus ging weiter und sah einen Zolleinnehmer in seinem Zollhaus sitzen. Er hieß Matthäus. Jesus sagte zu ihm: „Geh mit mir!" Und Matthäus stand auf und folgte ihm.

☐ 'Ich fordere nicht von euch, dass ihr mir Tieropfer darbringt, sondern dass ihr barmherzig seid.' Ich soll nicht die in Gottes neue Welt einladen, bei denen alles in Ordnung ist, sondern die ausgestoßenen Sünder."

Der Überlieferung nach hat Matthäus (sein jüdischer Name war 'Levi') später das Matthäusevangelium geschrieben. Manche Forscher bezweifeln das. Sicher ist jedoch, dass das Matthäusevangelium von einem jüdischen Mann geschrieben wurde, der immer wieder auf das Alte Testament (die Heiligen Schriften des Judentums) Bezug nimmt, um den jüdischen Gläubigen zu beweisen, dass Jesus von Nazareth der von Gott geschickte Retter, der Messias, ist. Das Evangelium wurde nach dem Jahr 70 n. Chr. abgefasst. Es bezieht sich nämlich auch auf die Zerstörung Jerusalems, die in diesem Jahr stattfand.

Redensart: „Matthäi am letzten"

Aufgabe 2:

„Matthäi am letzten" bezieht sich auf das Ende des Matthäusevangeliums. Sieh nach, wovon dort die Rede ist.

Notiere:

____

____

Station 2

Evangeliar der Äbtissin Ada

Name: ____________________

Die **Ada-Handschrift** ist eine karolingische Bilderhandschrift, die in der Stadtbibliothek Trier aufbewahrt wird. Das Evangeliar ist zwischen den Jahren 790 und 810, wahrscheinlich in Aachen, hergestellt worden. Es gilt als Hauptwerk der Hofschule Karls des Großen.
Ihren Namen verdankt sie der Auftraggeberin Ada, die in verschiedenen Quellen als Schwester Karls des Großen und als Äbtissin bezeichnet wird.

Aufgabe:

Setze die Puzzleteile richtig zusammen und klebe sie auf. Es entsteht ein Bild des Evangelisten Matthäus aus der Ada-Handschrift.

Markus schreibt das Leben Jesu auf

Name: ______________________

„Dies ist der Anfang des Evangeliums von Jesus Christus, dem Sohn Gottes", – so beginnt das älteste der vier Evangelien, die im Neuen Testament enthalten sind. In einfacher Sprache, dabei mit literarischem Können, erzählt der Verfasser vom Leben Jesu. Ob es sich bei dem Evangelisten tatsächlich um einen ehemaligen Weggefährten des Apostels Paulus handelt, ist strittig – dagegen spricht, dass keine Gedanken des Paulus vorkommen. Fest steht, dass das Evangelium von einem Heidenchristen stammt (sonst wären ihm jüdische Sitten vertrauter), der sich in Palästina nicht gut auskennt. Deshalb nehmen die Bibelforscher als Abfassungsort Syrien an.

Genaueres lässt sich dagegen über das Abfassungsjahr sagen. Da die „Markus-Apokalypse" (Mk 13) den römisch-jüdischen Krieg, die Zerstörung des Tempels und Christenverfolgungen voraussetzt, wird es bald nach 70 n. Chr. geschrieben sein.

Nicht nur mündliche Erzählungen vom Wirken Jesu schreibt Markus nieder. Ihm liegen auch schriftliche Quellen vor, die er kunstvoll zusammenfügt. Das von ihm gelegte Fundament dient den beiden Evangelisten Matthäus und Lukas schließlich als eine wichtige Vorlage, die sie für ihre eigenen Evangelien mit anderen Überlieferungen anreichern. Ihr Ziel ist es nicht, die Botschaft des Jesus von Nazareth historisch korrekt darzustellen. Vielmehr geben sie durch ihre Berichte dem Geschehen ihre eigene theologische Deutung.

Aufgabe:

Lies den Text aufmerksam durch und beantworte die Fragen.

1. Warum handelt es sich bei dem Verfasser des Markusevangeliums wahrscheinlich nicht um den Weggefährten des Paulus, der ebenfalls Markus hieß?

____

____

____

2. Woran lässt sich erkennen, dass Markus ein Heidenchrist, also kein Jude, gewesen ist?

____

____

____

3. Woran lässt sich feststellen, dass das Markusevangelium nach dem Jahr 70 n. Chr. abgefasst sein muss?

____

____

____

Name: ______________________

Eigenheiten des Markus

In seinem Evangelium verrät Markus etwas über sich selbst.

Aufgabe 1:

Lies folgende Bibelstellen (Übersetzung von Martin Luther).

Markus 1,23
Markus 2,12
Markus 3,6
Markus 5,2
Markus 6,45
Markus 7,25

Welches heute nicht mehr gebräuchliche Wort findet sich in jedem Bibelvers?

Lösung: ____

Kreuze die Bedeutung dieses Wortes an.

☐ früh am Morgen ☐ sofort darauf ☐ einige Zeit später

Aufgabe 2:

Entziffere den rätselhaften Satz.

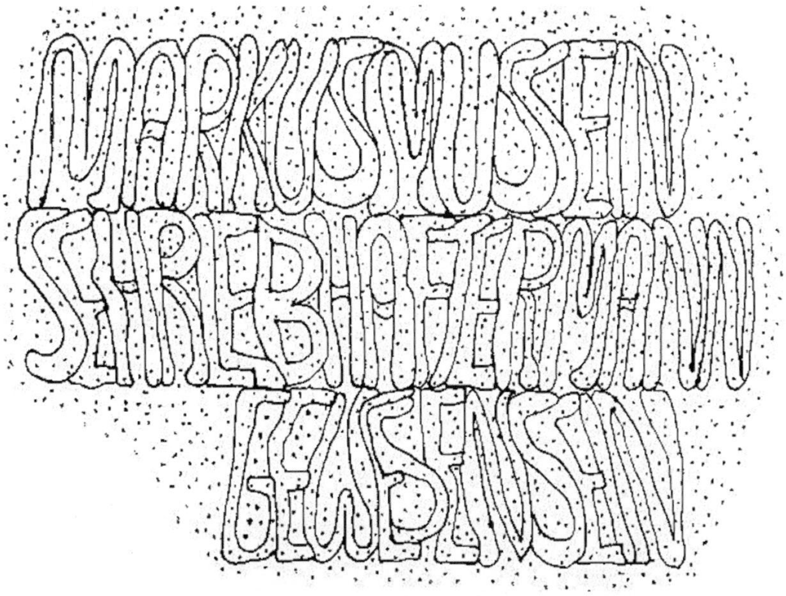

Lösung:

____

____

Station 5

Kreuzworträtsel durch das Lukasevangelium

Name: ____________________

Aufgabe:

Löse das Rätsel und finde das Lösungswort. Nimm dir eine Bibel (Luther-Übersetzung, 1912) und schlage das Lukasevangelium auf. Die Zahlen in der Klammer nennen dir Kapitel und Bibelvers, in dem du den gesuchten Namen finden kannst.

Waagrecht:
6. Alte Prophetin in Jerusalem (2,36); 7. Ein Jünger Jesu (5,10); 10. Stadt, vor deren Toren Jesus einen jungen Mann vom Tod erweckte (7,11); 11. Frau des Priesters Zacharias (1,5); 13. Fluss, in dem Jesus getauft wurde (3,3); 14. Armer Mann aus einem Gleichnis (16,20); 15. Ort, den zwei Jünger am Ostertag aufsuchten (24,13); 19. Oberster der Teufel (11,15); 20. Jüdischer Name des Zolleinnehmers, der Jesus nachfolgte (5,27); 21. König zur Zeit Jesu (3,1); 22. Alter Mann, der in Jesus Gottes Sohn erkannte (2,25); 23. Name des Engels, der dem Zacharias die Geburt eines Sohnes ankündigte

Senkrecht:
1. Name einer Frau, die Jesus nachfolgte (8,3); 2. Name des Mannes, für den Lukas sein Evangelium schrieb (1,3); 3. Synagogenvorsteher, dessen Tochter Jesus aufweckte (8,41); 4. Stadt, die Jesus durchwanderte (18,35); 5. Beiname des Verräters Judas [am Schluss nur mit t, nicht mit th] (6,16); 8. Ort, in dem Petrus wohnte (4,31); 9. Syrer, der vom Aussatz befreit wurde (4,27); 12. Kaiser zur Zeit Jesu (3,1); 13. Sohn des Zacharias (1,60); 16. Frau, in deren Haus Jesus einkehrte (10,38); 17. Dorf, das Jesus verfluchte (10,13); 18. Kaiser zur Zeit Jesu (2,1)

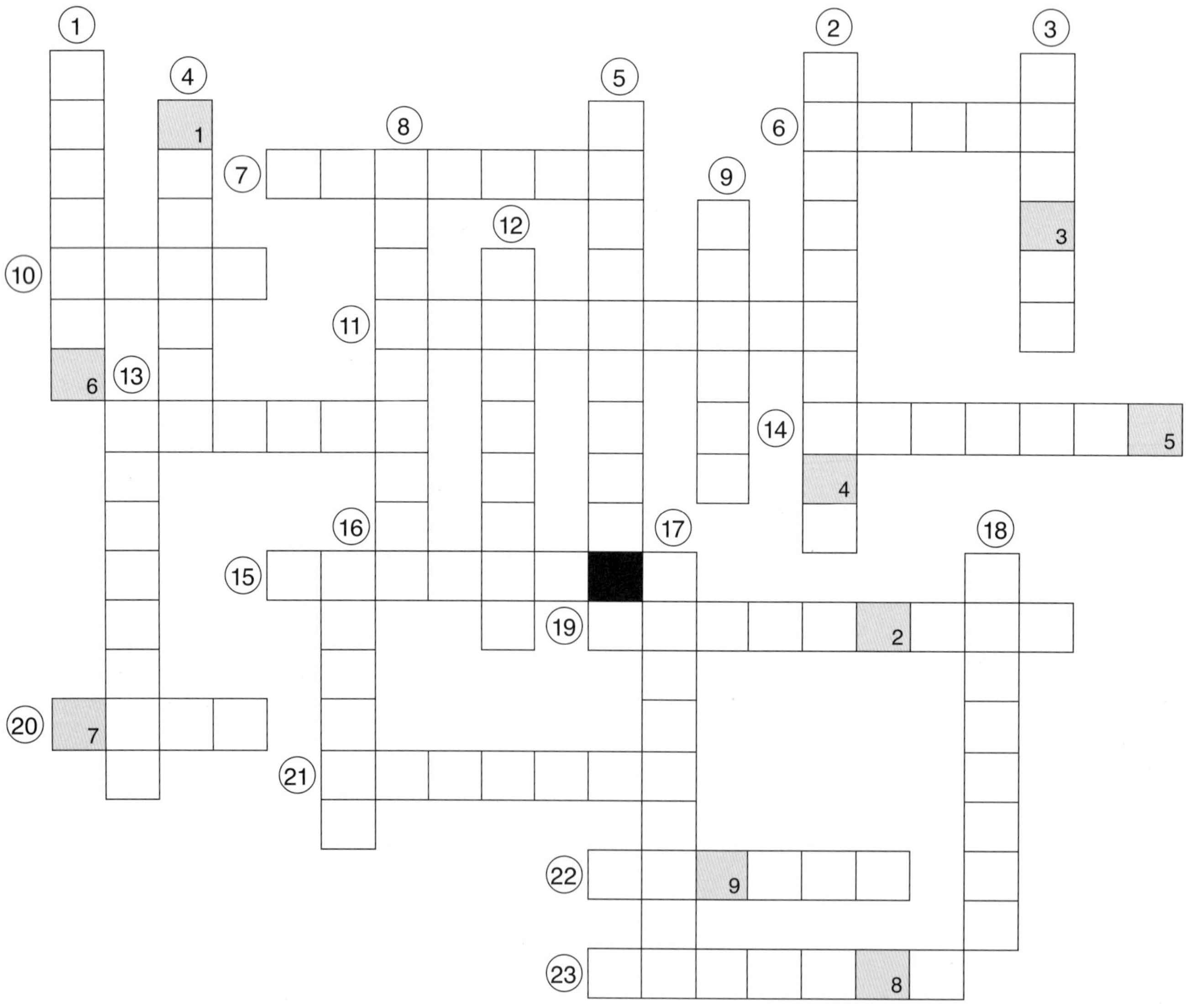

Lösungswort: | 1 | 2 | 3 | 4 | 5 | 6 | 7 | 8 | 9 |

Station 6

Name:

Lukas, der Evangelist

Lukas, so nimmt die Forschung an, hat das Lukasevangelium und die Apostelgeschichte geschrieben. Er entstammte nicht dem Judentum, sondern war ein Heidenchrist. Vermutlich kam er aus Antiochien. Über sein Leben ist kaum etwas bekannt.
Möglicherweise hat er Paulus auf seinen Reisen begleitet. Im Kolosserbrief wird er als Arzt bezeichnet. Tatsächlich häufen sich medizinische Ausdrücke in seinen Schriften, was die Annahme bestärkt, dass er wirklich Arzt gewesen ist.
Deswegen wurde er zum Schutzpatron der Ärzte. Weil er als Evangelist später immer mit einem Stier abgebildet worden ist, konnte er auch der Schutzheilige der Metzger werden. Eine Legende um 530 n. Chr. bezeichnet ihn als Maler. So wurde er auch der Schutzheilige der Maler, Bildschnitzer und überhaupt aller Künstler.

Diese Abbildung zeigt Lukas mit dem Stier, einem Gemälde von Maria mit dem Jesuskind und natürlich dem Buch, seinem Evangelium.

Aufgabe 1:

Überlege, welche Hinweise auf diesem Bild fehlen.

____

Aufgabe 2:

Notiere den Vers im Kolosserbrief (Kol 4,14), der Lukas nennt.

____

____

Der Evangelist Johannes

Name: ____________________

Das älteste vorhandene Fragment des Johannesevangeliums stammt etwa aus dem Jahr 125 n. Chr. Es wurde in Ägypten gefunden.
Ob der Schreiber des Johannesevangeliums wirklich der Jünger Johannes, ein einfacher Fischer vom See Genezareth, gewesen ist, wird immer wieder von den Fachleuten bezweifelt. Es gibt Gründe, die dafür, aber auch solche, die dagegen sprechen.

Die älteste Fassung des Neuen Testaments wurde im St. Katharinenkloster gefunden.

Aufgabe:

Informiere dich im Internet, über das St. Katharinenkloster.

1. Wo liegt es?

____

2. Wann wurde es gegründet?

____

3. Wofür ist der Berg bekannt, an dessen Fuße es sich befindet?

____

4. Das Kloster gehört zum UNESCO-Weltkulturerbe. Was bedeutet das?

____

____

Station 8

Besonderheiten des Johannesevangeliums

Name: ______________________

Im Evangelium des Johannes sind besonders viele „Ich-bin“-Worte von Jesus aufgezeichnet.

Aufgabe 1:

Schlage die angegebenen Bibelstellen im Johannesevangelium auf und notiere die „Ich bin“-Worte!

Kapitel 6,35: ______________________

____

Kapitel 8,12: ______________________

____

Kapitel 10,7: ______________________

____

Kapitel 11,25: ______________________

____

Kapitel 14,6: ______________________

____

Kapitel 15,1: ______________________

____

Aufgabe 2:

„Denn Gott hat die Welt so sehr geliebt, dass er seinen einzigen Sohn hingab, damit jeder, der an ihn glaubt, nicht zugrunde geht, sondern das ewige Leben hat.“

Dieser Bibelvers stammt aus dem Johannesevangelium und ist in manchen Übersetzungen sogar fett gedruckt. Blättere das Evangelium durch, finde Kapitel und Vers und notiere sie.

____

Station 1

Name: ______________________

Die alte Frau im Tempel

Aufgabe 1:

Finde heraus, welche Botschaft sich hier versteckt und notiere sie unten.

Lösung: ____

____

____

Aufgabe 2:

Lies in Lk 2,36–38 nach und finde den Namen der alten Prophetin heraus.

____

Berechne ihr Alter, wenn sie mit 15 Jahren geheiratet hat.

____

Station 2

Name: ______________

Maria und Martha

Martha erzählt:

Eines Tages kam eine Nachbarin aufgeregt zu mir gelaufen und sagte: „Du, Martha, Jesus und seine Jünger sind auf dem Weg hierher. Ich wollte dir nur schon mal Bescheid sagen.“ Ich freute mich, aber ich wusste auch, dass das viel Arbeit machen würde. Jesus mit seinen Jüngern, das waren dreizehn Männer und noch viele andere Begleiter und Frauen und Kinder, naja! Es hatte sich so eingebürgert, dass Jesus mit allen Leuten bei meiner Schwester und mir zu Gast war. Das ist ja auch in Ordnung so, denn wir zwei Schwestern sind wohlhabend und können es uns leisten, viele Leute zu Gast zu haben. Ich rief meine Schwester Maria und erzählte ihr, dass wir bald Gäste verköstigen müssten. Da musste Fladenbrot gebacken werden. Maria fing sofort an, Getreide zu Mehl zu mahlen. Unsere Dienerin heizte den Backofen an. Kaum war Maria mit dem Mehl fertig, da bogen die Gäste um die Ecke. Wir ließen alles stehen und liegen und begrüßten den Meister und dann natürlich auch seine Begleiter. Alle nahmen im Hof Platz und scharten sich um Jesus; ich huschte hinaus zum Backtrog, um Teig zu kneten. Ich wartete auf Maria, aber die war verschwunden. Ich knetete, dass mir der Schweiß lief, aber Maria kam nicht. Jetzt mussten aus dem Teig die Fladen geformt und in den Backofen geschoben werden. Es war höchste Zeit. Ich machte meine teigverklebten Hände sauber und begab mich auf die Suche. Überall im Haus sah ich nach, aber Maria fand ich nicht. Zuletzt ging ich auf den Hof, wo die Gäste waren. Und da sah ich sie. Ohne sich etwas dabei zu denken, saß sie in der Nähe von Jesus und hörte ihm zu. Anscheinend war sie ganz ergriffen. Mich und die Arbeit hatte sie wohl ganz vergessen! Es war doch bald Essenszeit! Dann würden alle Fladenbrot haben wollen. Und die Fladen waren noch nicht einmal geknetet, geschweige denn gebacken! Ich winkte Maria, aber sie schien mich nicht zu bemerken. Da ging ich entschlossen zu Jesus selbst. „Meister“, redete ich ihn an, „sage doch meiner Schwester, dass sie mir helfen soll. Ich schaffe die Arbeit nicht alleine.“ Da schaute Jesus mich an und sagte: „…“

Aufgaben:

1. Lies die Geschichte in Lk 10,38–42 nach und notiere die Antwort Jesu.

____

____

____

2. Was hat Jesus wohl damit gemeint?

____

____

____

3. Hat Maria anschließend bei den Vorbereitungen geholfen oder nicht? Was meinst du?

____

____

Station 3

Das Vertrauen einer nichtjüdischen Frau

Name:

____

Aufgabe 1:

Setze die Wörter ein und vervollständige den Text.

Antwort Augenblick Brotkrumen Erbarmen
Gebiet Hunden Kindern Vertrauen

Jesus verließ die Gegend und zog sich in das ______________ von Tyrus und Sidon zurück. Eine kanaanitische Frau, die dort wohnte, kam zu ihm und rief: „Herr, du Sohn Davids, hab ______________ mit mir. Meine Tochter wird von einem bösen Geist sehr geplagt.“ Aber Jesus gab ihr keine ______________. Schließlich drängten ihn die Jünger: „Sieh zu, dass du sie loswirst; sie schreit ja hinter uns her.“ Aber Jesus sagte: „Ich bin nur zu der verlorenen Herde, dem Volk Israel, gesandt worden.“ Da warf die Frau sich vor Jesus nieder und sagte: „Hilf mir doch, Herr!“ Er antwortete: „Es ist nicht recht, den ______________ das Brot wegzunehmen und es den ______________ vorzuwerfen.“ „Gewiss, Herr“, sagte sie, „aber die Hunde bekommen doch wenigstens die ______________ die vom Tisch ihrer Herren herunterfallen.“ Da sagte Jesus zu ihr: „Du hast ein großes ______________, Frau! Was du willst, soll geschehen.“ Im selben ______________ wurde ihre Tochter gesund.

Aufgabe 2:

Schlage Mk 7,24–30 auf und notiere, was die nichtjüdische Frau in der Geschichte zu Jesus sagt.
Vers 28:

____

____

____

____

Aufgabe 3:

Was ist wohl mit „böser Geist“ gemeint? Kreuze an.

☐ ein Vampir ☐ eine schlimme Krankheit ☐ Husten

Verschiedene Frauengestalten

Station 4

Name: ____________

Das Opfer der Witwe

DANNSETZTESICHJESUSIMTEMPELINDERNÄHEDESOPFERKASTENSNIEDERUND
BEOBACHTETEWIEDIEBESUCHERDESTEMPELSGELDHINEINWARFEN.
VIELEWOHLHABENDELEUTEGABENGROSSZÜGIG. DANNKAMEINEARMEWITWE
UNDSTECKTENURZWEIKLEINEKUPFERMÜNZENHINEIN.
DARIEFJESUSSEINEJÜNGERHERBEIUNDSAGTEZUIHNEN:„ICHVERSICHEREEUCH:
DIESEWITWEHATMEHRGEGEBENALSDIEANDEREN.
SIEHABENLEDIGLICHVONIHREMÜBERFLUSSETWASABGEGEBEN.
ABERDIESEARMEWITWEHATTATSÄCHLICHALLESGEOPFERTWASSIEZUMLEBENHATTE."

Aufgabe 1:

Bringe den Text in Ordnung und schreibe ihn auf.

Aufgabe 2:

Beschreibe mit eigenen Worten, warum die arme Frau mehr gegeben hat als die anderen.

Verschiedene Frauengestalten

Station 5

Jesus und die Frau am Jakobsbrunnen

Name: ____________________

Aufgabe:

Macht aus diesem Gespräch ein Hörspiel und nehmt es auf.

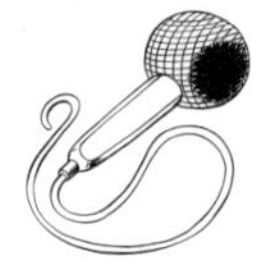

Hanna: Kaum ist man mal abwesend, da bringst du das halbe Dorf in Aufruhr!
Lea: Nun übertreib aber nicht. Die Leute waren doch selber alle ganz begeistert.
Hanna: Bitte erzähl mir von Anfang an.
Lea: Ich habe den von Gott geschickten Propheten getroffen.
Hanna: Nun halt aber mal den Ball flach! Wie kommst du denn zu dieser Ansicht?
Lea: Ich erzähle es dir. Ich ging mittags zum Brunnen, Wasser holen.
Hanna: Mittags? In der Gluthitze?
Lea: Naja, damit ich keinem begegnen muss. Du weißt doch, dass die Leute mich schief angucken …
Hanna: Ja, ich weiß!
Lea: Am Brunnen saß ein jüdischer Mann. Er bat mich: „Gib mit einen Schluck Wasser!"
Hanna: Ein Jude hat mit dir gesprochen? Juden reden doch nicht mit uns Samaritanern.
Lea: Das habe ich ihm auch gesagt. Und da meinte er: „Wenn du wüsstest, wer mit dir redet, dann würdest du ihn um Wasser bitten und er würde dir lebendiges Wasser geben."
Hanna: Lebendiges Wasser ist Wasser aus einer fließenden Quelle.
Lea: Ich habe ihn fast ausgelacht. „Du hast doch gar keinen Eimer, wie willst du denn da unten an lebendiges Wasser kommen? Bist du mehr als unser Vater Jakob, der den Brunnen gegraben und daraus getrunken hat?"
Hanna: Was hat er da gesagt?
Lea: Er hat geantwortet: „Wer von diesem Wasser trinkt, der wird wieder durstig. Wer aber von dem Wasser trinkt, das ich ihm gebe, wird niemals mehr Durst haben. Ich gebe ihm Wasser, das in ihm zu einer Quelle wird, die ewiges Leben schenkt."
Hanna: Was soll denn das?
Lea: „Na, dann gib mir solches Wasser", hab ich so ein bisschen spöttisch gesagt: „Dann brauche ich nie mehr zum Brunnen zu kommen."
Hanna: Das war gut geantwortet.
Lea: Naja! Er hat dann nämlich erwidert: „Geh und bring deinen Mann her!"
Hanna: Hoppla!
Lea: Ich habe dann gesagt: „Ich habe keinen Mann."
Hanna: Eigentlich stimmt das ja.
Lea: Genau das hat er auch gesagt: „Es stimmt, wenn du sagst, dass du keinen Mann hast. Du warst fünf Mal verheiratet, und der Mann, mit dem du jetzt zusammenlebst, das ist gar nicht dein Mann. Da hast du ganz recht."
Hanna: Woher wusste er das denn?
Lea: Ich habe ihm gesagt: „Ich sehe, dass du ein Prophet bist. Naja, wir meinen, hier auf diesem Berg Gott anbeten zu können, ihr Juden sagt, Gott darf nur in Jerusalem angebetet werden.

Hanna: Der ewige Streit zwischen den Juden und den Samaritanern!
Lea: Da hat er aber nicht mitgemacht. Er hat gesagt, dass eine Zeit kommen wird, wo man überall in der Welt von jedem Ort aus Gott anbeten wird.
Hanna: Das hat ein Jude so gesagt?
Lea: Ich habe dann gemeint, dass irgendwann der von Gott versprochene Retter kommen wird. Der wird uns alles genau erklären.
Hanna: Und?
Lea: Da hat er gesagt: „Du sprichst gerade mit ihm. Ich bin es."
Hanna: Wie bitte?
Lea: Ja! Und da habe ich alle Leute aus dem Dorf zusammen getrommelt und sie zu ihm geschickt.
Hanna: Vielleicht ist er wirklich der von Gott versprochene Retter.

Station 6

Jesus und die Ehebrecherin

Name: ______________________

Aufgabe 1:

Die einzelnen Teile sind durcheinandergeraten. Nummeriere den Text in der richtigen Reihenfolge.

☐ Mit dieser Frage wollten sie ihm eine Falle stellen, um ihn anklagen zu können. Aber Jesus bückte sich nur und schrieb mit dem Finger auf die Erde.

☐ Er setzte sich und begann zu ihnen zu sprechen. Da führten die Gesetzeslehrer und Pharisäer eine Frau herbei, die beim Ehebruch ertappt worden war. Sie stellten sie so, dass sie von allen gesehen wurde.

☐ Am nächsten Morgen kehrte er sehr früh zum Tempel zurück. Alle Leute dort versammelten sich um ihn.

☐ Als sie nicht aufhörten zu fragen, richtete Jesus sich auf und sagte zu ihnen: „Wer von euch noch nie gesündigt hat, der soll den ersten Stein auf sie werfen."

☐ Dann sagten sie zu Jesus: „Diese Frau wurde ertappt, als sie gerade Ehebruch beging. In unserem Gesetz schreibt Mose vor, dass eine solche Frau gesteinigt werden muss. Was sagst du dazu?"

☐ Er richtete sich wieder auf und fragte sie: „Wo sind sie geblieben? Ist keiner mehr da, um dich zu verurteilen?" – „Keiner, Herr", antwortete sie. „Gut", sagte Jesus, „ich will dich auch nicht verurteilen. Du kannst gehen, aber tu es nicht wieder."

☐ Dann bückte er sich wieder und schrieb auf die Erde. Als sie das hörten, zog sich einer nach dem anderen zurück; die Älteren gingen zuerst. Zuletzt war Jesus allein mit der Frau, die immer noch dort stand.

Aufgabe 2:

Notiere, was in 3. Mose 20,10 (Lev 20,10) steht:

____

Aufgabe 3:

Warum handelt Jesus nicht nach dem (strengen) jüdischen Gesetz?

____

Name: ______________________

Die Frauen am Grab

Aufgabe:

Schneide die Einzelteile aus, setze sie zu einem Bild zusammen und klebe es auf.

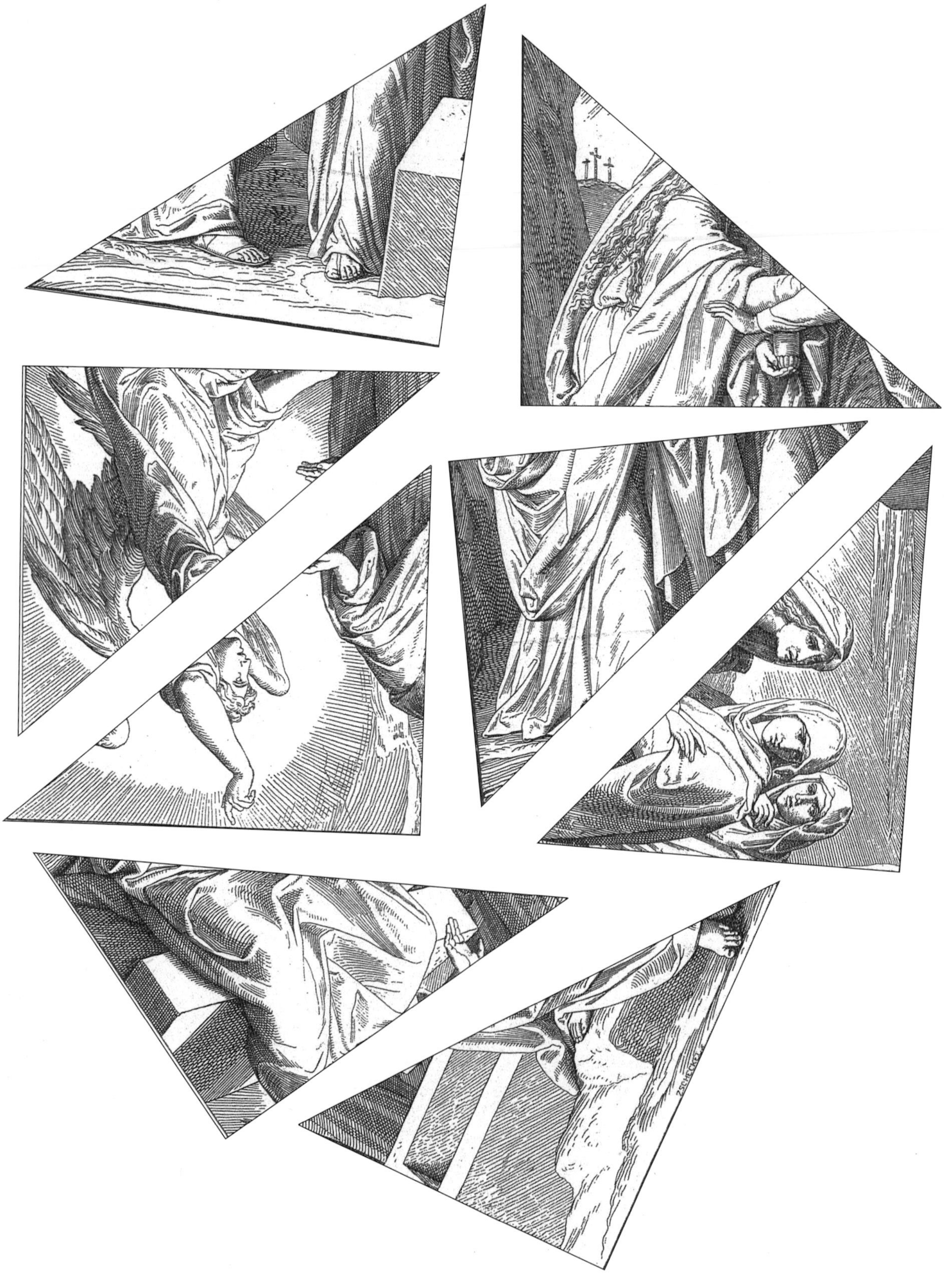

Station 8

Name: ____________

Die erste Christin in Europa

In Troas hatte Paulus in der Nacht eine Vision. Er sah einen Mann aus Mazedonien vor sich, der ihn bat: „Komm zu uns herüber und hilf uns!" Daraufhin suchten wir sofort nach einem Schiff, das uns nach Mazedonien mitnehmen konnte. Denn wir waren sicher, dass Gott uns gerufen hatte, den Menschen dort die Gute Nachricht zu bringen. Wir fuhren von Troas auf dem kürzesten Weg nach der Insel Samothrake und am zweiten Tag erreichten wir Neapolis. Von dort gingen wir landeinwärts nach Philippi, einer Stadt im ersten Bezirk Mazedoniens, einer Ansiedlung von römischen Bürgern. Wir hielten uns einige Tage dort auf und warteten auf den Sabbath. Dann gingen wir vor das Tor am Fluss. Wir vermuteten, dass sich dort Juden zum Gebet versammeln würden. Wir setzten uns und sprachen mit den Frauen, die gekommen waren. Eine von ihnen war Lydia; sie stammte aus Thyatira und handelte mit Purpurstoffen. Sie hielt sich zur jüdischen Gemeinde. Der Herr weckte ihre Aufmerksamkeit und sie hörte genau zu, als Paulus sprach. Sie ließ sich mit allen ihren Leuten taufen. Darauf lud sie uns in ihr Haus ein und sagte: „Wenn ihr überzeugt seid, dass ich Jesus als Herrn angenommen habe, dann müsst ihr meine Gäste sein." Sie drängte uns, mit ihr zu kommen.

Aufgabe:

Kreuze die richtige Antwort an. Recherchiere dazu im Internet.

1. In welchem heutigen Staat liegt die Landschaft Mazedonien?

☐ in der Türkei ☐ in Griechenland ☐ in Ägypten

2. Was ist mit „Gute Nachricht" gemeint?

☐ der Glaube an Jesus Christus ☐ der jüdische Glaube

3. Was ist der Sabbath?

☐ Sommeranfang im jüdischen Kalender ☐ jüdische Fastenzeit

☐ der wöchentliche Ruhetag der jüdischen Gläubigen

4. Was ist „Purpur"?

☐ ein dicker Wollstoff ☐ dünnes Leinengewebe

☐ leuchtend roter Farbstoff

5. Welche Bedeutung hatte die Taufe für Lydia und ihre Leute?

☐ öffentliches Bekenntnis zum neuen christlichen Glauben

☐ symbolische Reinigung beim Religionsübertritt

Verschiedene Frauengestalten

Station 1

Name: ____________

Die Heilung des Gelähmten

Aufgabe:

Schneide die Streifen aus und bringe Text und Bild in Ordnung.

f einer Tragbahre herbei.
gen. Aber wegen der Me
So stiegen sie auf das Da
ken mitten in der Menge
war, sagte er zu dem Kra
risäer dachten: „Wer ist
Niemand außer Gott kan
n und fragte sie: „Was m
e Schuld ist dir vergeben
chensohn von Gott die V
gte zu dem Gelähmten: „
se!“ Alle konnten sehen
gelegen hatte, und nach
le, die versammelt ware
Unglaubliche Dinge hab

Sie wollten ihn in
nschenmenge
ch, deckten einige
e genau vor Jesus
nken: „Deine Schuld
das, dass er eine
n uns unsere Schuld
nacht ihr euch da für
n‘, oder: 'Steh auf
Vollmacht hat, hier
Ich befehle dir: Steh
, wie der Mann
Hause ging. Dabei
n, und auch sie
en wir heute erlebt.“

Einige Männer bracht
das Haus hineintragen
konnten sie nicht bis
Ziegel ab und ließen
nieder. Als Jesus sah,
ist dir vergeben!“ Die
solche Gotteslästerun
vergeben.“ Aber Jesu
Gedanken? Was ist le
und geh‘? Aber ihr so
auf der Erde Schuld z
auf, nimm deine Trag
sogleich aufstand, die
pries er Gott. Eine gr
priesen Gott. Von Fu

ten einen Gelähmten auf
n und vor Jesus niederle
zu ihm durchkommen. S
die Bahre mit dem Kran
wie groß ihr Vertrauen
e Gesetzeslehrer und Pha
g auszusprechen wagt! I
s wusste, was sie dachte
ichter – zu sagen: 'Dein
llt sehen, dass der Mens
zu vergeben.“ Und er sag
bahre und geh nach Hau
e Bahre nahm, auf der er
oße Erregung erfasste al
cht erfüllt sagten alle: „

Station 2

Der Mann mit der gelähmten Hand

Name: ______________________

Aufgabe 1:

Fülle die Lücken mit den Worten Jesu. Schaue dazu in Mk 3,1–6 nach.

Wieder einmal ging Jesus in eine Synagoge. Dort war auch ein Mann mit einer gelähmten Hand. Einige der Anwesenden hätten Jesus gerne angezeigt; darum beobachteten sie genau, ob er es wagen würde, den Mann am Sabbat zu heilen. Jesus sagte zu Ihm: „______________________

______________________“ Dann fragte er die anderen: „______________________

______________________“

Er bekam keine Antwort. Voll Zorn sah er sie der Reihe nach an. Zugleich war er traurig, weil sie so engstirnig und hartherzig waren. Dann sagte er zu dem Mann:

„______________________“

Er streckte sie aus und sie wurde wieder gesund.

Da verließen die Pharisäer die Synagoge. Sie trafen sich sogleich mit den Parteigängern von Herodes und sie wurden sich einig, dass Jesus sterben müsse.

Bilderrätsel

Aufgabe 2:

Notiere, was der Geheilte sagt:

____

____

Station 3

Der Diener des Hauptmanns

Name: ______________________

Aufgabe:

Macht aus diesem Gespräch ein Hörspiel und nehmt es auf.

Hauptmann: Mein lieber Porpax, ich bin sehr froh, dass du wieder gesund bist.

Porpax: Habe ich lange geschlafen, Herr?

Hauptmann: So lange, dass ich schon dachte, du wachst überhaupt nicht mehr auf.

Porpax: So schlimm krank bin ich gewesen? Ich kann mich an gar nichts mehr erinnern.

Hauptmann: Das ist ja auch nicht nötig. Jetzt bist du wieder gesund.

Porpax: Ich fühle mich auch wieder richtig kräftig.

Hauptmann: Wenn dieser einzigartige Prophet, dieser Jesus aus Nazareth, nicht gewesen wäre …

Porpax: Wieso? Ist der hier in der Nähe?

Hauptmann: Wie gut, dass er hier in der Nähe ist. Ohne ihn wärst du jetzt wohl immer noch krank.

Porpax: Ich verstehe überhaupt nichts, Herr.

Hauptmann: Da ist doch kein Wunder. Lass mich dir erzählen.

Porpax: Ja bitte!

Hauptmann: Als deine Krankheit sich immer mehr verschlimmerte und du das Bewusstsein verloren hattest, war ich völlig verzweifelt. Du weißt doch, wie sehr ich dich schätze.

Porpax: Ach, Herr!

Hauptmann: Ich hatte gehört, dass der Prophet Jesus in Kapernaum ist. Da habe ich einige jüdische Freunde zu ihm geschickt. Sie sollten für mich, also eigentlich für dich ein gutes Wort einlegen. Sie sollten ihm auch sagen, dass ich den jüdischen Glauben sehr schätze und dass ich der jüdischen Gemeinde das Gotteshaus erbaut habe. Aber nur, damit er sich entschließt, dich wieder gesund zu machen.

Porpax: Das hast du auf dich genommen, Herr?

Hauptmann: Ich weiß ja, dass ein jüdischer Mann nicht einfach in das Haus eines Nichtjuden gehen darf. Damit verunreinigt er sich. Deswegen habe ich ihm Leute entgegen geschickt, als er hierher unterwegs war. Ich habe ihm sagen lassen, dass er ja nur ein Wort zu sprechen braucht, damit du wieder gesund wirst.

Porpax: Ja, er ist ein wunderbarer Arzt.

Hauptmann: Das hat ihm gefallen. Er hat zu den Boten gesagt, dass er einen solchen Glauben wie ich ihn hätte, bei seinen Landsleuten nicht beobachten konnte.

Porpax: Ein römischer Hauptmann hat einen größeren Glauben als die Israeliten?

Hauptmann: Und als die Boten wieder heimkamen, da warst du gesund!

Porpax: Also, der Prophet Jesus war es, der mich geheilt hat!

Station 4

Name: ______________________

Der Taubstumme

Aus der Gegend von Tyrus zog Jesus über Sidon zum See von Galiläa mitten ins Gebiet der Zehn Städte.

Dort brachte man einen Nemmutsbuat zu ihm mit der Ettib, ihm die Ednäh aufzulegen. Jesus führte ihn ein Kcüts von der Egnem fort und legte seine Regnif in die Nerho des Neknark; dann berührte er dessen Egnuz mit Lehcieps. Er blickte zum Lemmih empor, stieß einen Rezfues aus und sagte zu dem Nnam: „Effata!" Das heißt: 'Öffne dich!' Im selben Kcilbnegua konnte der Nnam hören, auch seine Egnuz löste sich und er konnte richtig sprechen. Jesus verbot den Nednesewna, es irgendjemandem weiter zu sagen.

Aber je mehr er es ihnen verbot, desto mehr machten sie es bekannt. Die Leute waren ganz außer sich und sagten: „Wie gut ist alles, was er gemacht hat: den Gehörlosen gibt er das Gehör und den Stummen die Sprache."

Aufgabe 1:

Bringe den rätselhaften Text in Ordnung, indem du ihn richtig aufschreibst.

____

____

____

____

____

____

____

____

Aufgabe 2:

Für den Taubstummen wird Jesus hier zum Arzt oder ______________________

Finde das altmodische Wort. Berücksichtige nur den ersten Satz des „Rätseltextes".

[ ] 2. Wort, 5. Buchstabe

[ ] 4. Wort, 1. Buchstabe

[ ] 8. Wort, 2. Buchstabe

[ ] 14. Wort, 6. Buchstabe

[ ] 3. Wort, 2. Buchstabe

[ ] 4. Wort, 5. Buchstabe

[ ] 1. Wort, 1. Buchstabe

Station 5

Name: ____________________

Der Aussätzige

Einmal kam ein Aussätziger zu Jesus, fiel vor ihm auf die Knie und bat um Hilfe. „Wenn du willst“, sagte er, „kannst du mich gesund machen!“ Jesus hatte Mitleid mit ihm, streckte die Hand aus und berührte ihn. „Ich will“, sagte er, „sei gesund!“ Im selben Augenblick war der Mann von seinem Aussatz geheilt. Sofort schickte Jesus ihn weg und befahl ihm streng: „Sag niemand auch nur ein Wort davon, sondern geh zum Priester und lass dich von ihm untersuchen. Dann bring für deine Heilung das Opfer dar, das Mose vorgeschrieben hat; das soll für alle ein Beweis sein, dass ich das Gesetz ernst nehme.“

Aber der Mann fing trotz des Verbots an, überall von seiner Heilung zu erzählen. Bald konnte Jesus keine Ortschaft mehr unerkannt betreten. Daher blieb er draußen in einsamen Gegenden; die Leute aber kamen dennoch von überall her zu ihm.

Aufgabe:

Beantworte die Fragen gegebenenfalls mithilfe des Internets.

1. Warum kniet der Aussätzige vor Jesus? Was hat „knien“ für eine Bedeutung?

____

____

2. Was genau ist „Aussatz“?

____

____

3. Was ist mit „Gesetz“ gemeint?

____

____

4. Lies in 3. Mose 14 (Lev 14) nach, was ein geheilter Aussätziger alles tun musste. Notiere.

____

____

Station 6

Achtunddreißig Jahre lang krank

Name: ______________________

Ja, ich habe wirklich achtunddreißig lange Jahre auf meiner Matte in den Hallen am Teich gelegen. Meine Angehörigen haben mich versorgt, klar, aber sonst habe ich dort ... gewartet. Mit vielen Blinden; Gelähmten und Schwindsüchtigen. Die waren alle dort in den Hallen am Teich. Und sie warteten genauso wie ich. Worauf wir gewartet haben? Nun ja, von Zeit zu Zeit bewegte sich das Wasser im Teich. Wer dann als erster ins Wasser stieg, der wurde von seiner Krankheit geheilt. Ganz gleich, welche Krankheit er hatte.

Meine Leute haben mich vor achtunddreißig Jahren an den Teich gebracht, aber bei mir bleiben konnten sie nicht. Denn sie mussten ja zur Arbeit gehen. Oft habe ich versucht, ins Wasser zu gelangen, wenn es sich bewegt hatte, aber irgendjemand war immer schneller als ich. Achtunddreißig Jahre – mehr als ein halbes Leben habe ich an diesem Teich verbracht.

Rekonstruktion der Hallen am Teich Bethesda („Ort der Gnade“)

Bis der fremde Mann kam. Ich bin ihm wohl aufgefallen, denn er kam auf mich zu. „Willst du gesund werden?“, fragte er mich. Ich antwortete ihm: „Herr, ich habe niemanden, der mir in den Teich hilft. Wenn ich es allein versuche, ist immer schon jemand vor mir da.“

Da sagte er zu mir: „Steh auf, nimm deine Matte und geh!“ Im selben Augenblick wurde ich gesund. Ich nahm meine Matte und konnte wieder gehen.

Aufgaben:

1. Finde durch Umstellen der Buchstaben den Namen der Stadt heraus, in der Jesus den Kranken heilte.

USELJAMER

Lösung: ____

2. Gestalte ein Akrostichon zu dem Wort „Bethesda“ und verwende dabei Begriffe, die zu der biblischen Erzählung passen. Du darfst auch Gefühle der Beteiligten aufgreifen.

```
      B
    H E I L U N G
      T
      H
      E
      S
      D
      A
```

Geheilte Menschen

Zwei Blinde

Name: ______________________

Xls Jxsxs vxn dxrt wxggxng, lxxfxn zwxx Blxndx hxntxr xhm hxr xnd rxxfxn: „Dx Sxhn Dxvxds, hxb Mxtlxxd mxt xns!" Xls xr xns Hxxs gxng, fxlgtxn sxx xhm xnd xr frxgtx sxx: „Trxxt xhr mxr dxnn zx, dxss xch xxch hxlfxn kxnn?" – „Xbxr jx, Hxrr", xntwxrtxtxn sxx. Dx bxrührtx Jxsxs xhrx Xxgxn xnd sxgtx: „Wxs xhr mxr zxtrxxt, dxs sxll gxschxhxn." Dx kxnntxn sxx sxhxn. Jxsxs bxfxhl xhnxn strxng: „Sxht zx, dxss xs nxxmxnd xrfährt!" Sxx xbxr gxngxn wxg xnd xrzähltxn vxn Jxsxs xn dxr gxnzxn Gxgxnd.

Aufgabe 1:

Alle Vokale sind durch ein x ersetzt worden. Bringe den Text in Ordnung:

____

____

____

____

____

____

____

Aufgabe 2:

Das Bilderrätsel nennt einen kurzen Vers aus dem Alten Testament. Schreibe ihn auf.

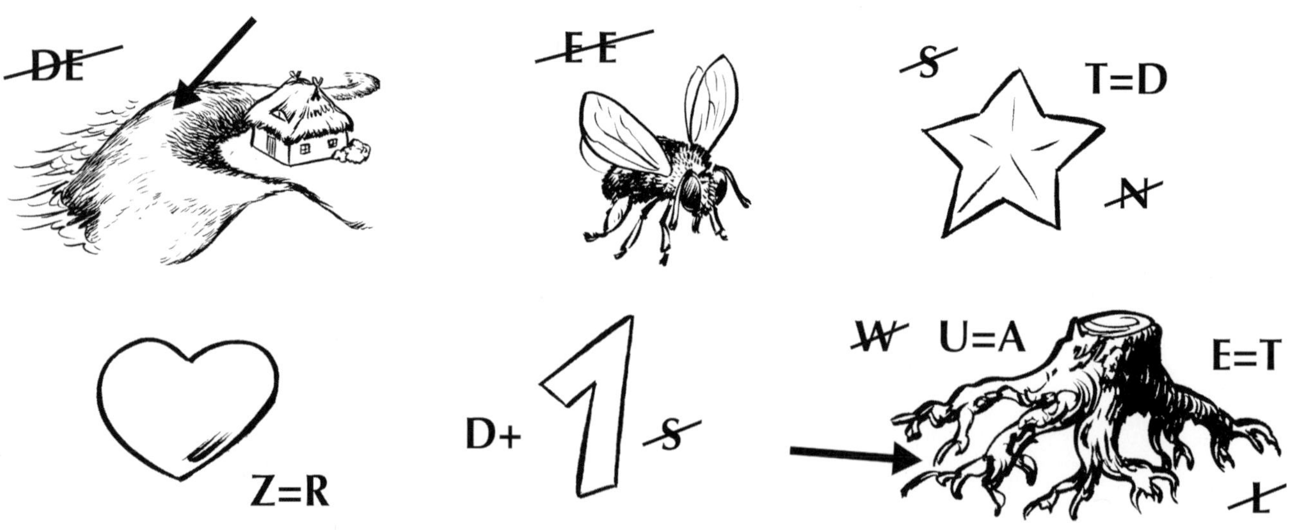

Lösung: ____

Station 8

Eine Totenerweckung

Name: ____________________

Aufgabe:

Die einzelnen Teile sind durcheinandergeraten. Nummeriere den Text in der richtigen Reihenfolge.

☐ Alle wurden von Furcht gepackt; sie priesen Gott und riefen: „Ein großer Prophet ist unter und aufgetreten. Gott selbst ist seinem Volk zu Hilfe gekommen!"

☐ Bald darauf ging Jesus nach Nain. Seine Jünger und viele Leute folgten ihm.

☐ Die Träger blieben stehen. Jesus sagte zu dem Toten: „Ich befehle dir: Steh auf!"

☐ Als der Herr die Witwe sah, tat sie ihm sehr leid und er sagte zu ihr: „Weine nicht!" Dann trat er näher und berührte die Bahre.

☐ Da richtete er sich auf und fing an zu reden und Jesus gab ihn seiner Mutter zurück.

☐ Dieser Ruf verbreitete sich im ganzen jüdischen Land und in allen angrenzenden Gebieten.

☐ Als sie in die Nähe des Stadttors kamen, trafen sie auf einen Trauerzug. Der einzige Sohn einer Witwe sollte beerdigt werden und zahlreiche Bewohner der Stadt begleiteten die Mutter.

Geheilte Menschen

Station 1

Ankündigung der Geburt Johannes des Täufers

Name: ______________________

Zu der Zeit, als König Herodes über das jüdische Land herrschte, lebte ein Priester namens Zacharias. Auch seine Frau stammte aus einer Priesterfamilie, sie hieß Elisabeth. Beide führten ein Leben, das Gott gefiel und richteten sich in allem nach den Geboten und Anweisungen des Herrn. Sie waren aber kinderlos, denn Elisabeth konnte keine Kinder bekommen, und beide waren schon sehr alt.
Einmal war Zacharias wieder zum Priesterdienst in Jerusalem. An einem bestimmten Tag fiel ihm die Aufgabe zu, das Räucheropfer darzubringen. So ging er in das Innere des Tempels, während die Volksmenge draußen betete.
Da sah Zacharias plötzlich einen Engel des Herrn; er stand an der rechten Seite des Altars, auf dem der Weihrauch verbrannt wurde. Zacharias erschrak und bekam große Angst. Aber der Engel sagte zu ihm: „Du brauchst dich nicht zu fürchten, Zacharias! Gott hat deine Bitte erhört. Deine Frau Elisabeth wird einen Sohn bekommen, den sollst du Johannes nennen. Dann wirst du voll Freude und Jubel sein und viele werden sich mit dir über seine Geburt freuen. Denn er ist vom Herrn zu großen Taten berufen. Er wird weder Wein noch Bier trinken. Schon im Mutterleib wird der Geist Gottes ihn erfüllen und er wird viele aus dem Volk Israel zum Herrn, ihrem Gott zurückführen."
Zacharias sagte zu dem Engel: „Woran soll ich erkennen, dass du recht hast? Ich bin doch ein alter Mann und meine Frau ist auch nicht mehr jung."
Der Engel antwortete: „Ich bin Gabriel, einer von denen, die vor Gottes Thron stehen. Gott hat mich gesandt, um mit dir zu sprechen und dir diese gute Nachricht zu bringen. Was ich gesagt habe, wird zur gegebenen Zeit eintreffen. Aber weil du mir nicht geglaubt hast, wirst du nicht mehr sprechen können, bis es soweit ist."
Währenddessen wartete die Volksmenge auf Zacharias und wunderte sich, dass er so lange im Tempel blieb. Als er herauskam, konnte er nicht mehr reden. Da merkten sie, dass er im Tempel eine Erscheinung gehabt hatte. Er konnte ihnen nur mit der Hand Zeichen geben, aber kein Wort herausbringen.

Aufgaben:

1. Recherchiere im Internet, was der Name: „Gabriel" bedeutet.

   „Gabriel" bedeutet „____________________________________"

2. Warum glaubt Zacharias dem Engel nicht?

   ____

   ____

3. In 2. Mose 30,7 (Ex 30,7) wird das tägliche Räucheropfer angeordnet. Notiere den Vers.

   ____

   ____

   ____

Gabriel erscheint dem Zacharias

Name: ____________________

Aufgabe:

Schneide die Einzelteile aus, setze sie zu einem Bild zusammen und klebe es auf.

Station 3

Geburt Johannes des Täufers

Name: ____________________

Aufgabe 1:

Setze die fehlenden Begriffe in den Lückentext ein.

Augenblick Besonderes Beweis Entbindung Kind Nachbarn
Schreibtafel Staunen Tage Verwandtschaft Zacharias Zeichen

Als für Elisabeth die Zeit der ____________________ gekommen war, gebar sie einen Sohn. Ihre ____________________ und Verwandten hörten es und freuten sich mit, dass Gott ihr einen so großen ____________________ seiner Güte gegeben hatte. Als das Kind acht ____________________ alt war und seinen Namen erhalten sollte, kamen sie alle dazu. Sie wollten es nach seinem Vater ____________________ nennen. Aber die Mutter sagte: „Nein, er soll Johannes heißen!“ Sie wandten ein: „Warum denn? In deiner ganzen ____________________ gibt es keinen, der so heißt. Sie fragten den Vater durch ____________________, wie der Sohn heißen solle. Zacharias ließ sich eine ____________________ geben und schrieb: „Er heißt Johannes.“ Alle waren verwundert. Im selben ____________________ konnte Zacharias wieder sprechen und sofort fing er an, Gott zu preisen. Da ergriff die Nachbarn ein ehrfürchtiges ____________________ und im ganzen Bergland von Judäa sprach man über das, was geschehen war. Jeder, der davon hörte, dachte darüber nach und fragte sich: „Was wird aus dem ____________________ einmal werden?“ Denn es war offensichtlich, dass Gott etwas ____________________ mit Johannes vorhatte.

Aufgabe 2:

Finde heraus, was der Name „Johannes“ bedeutet. Recherchiere gegebenenfalls im Internet.

Johannes bedeutet: ____

Station 4

Johannes der Täufer tritt in die Öffentlichkeit

Name: ____________________

Es war im fünfzehnten Regierungsjahr des Kaisers Tiberius. Pontius Pilatus war Prokurator von Judäa …
Johannes, der Sohn von Zacharias, hielt sich noch in der Wüste auf. Dort erreichte ihn der Ruf Gottes. Er machte sich auf, durchzog die ganze Gegend am Jordan und verkündete: „Lasst euch taufen und fangt ein neues Leben an, dann wird Gott euch eure Schuld vergeben."
Die Menschen kamen in Scharen zu Johannes, um sich von ihm taufen zu lassen. Er hielt ihnen vor: „Ihr Schlangenbrut, wer hat euch gesagt, dass ihr dem bevorstehenden Gericht Gottes entgeht? Zeigt durch eure Taten, dass ihr euch ändern wollt."
Die Menschen fragten Johannes: „Was sollen wir denn tun?" Seine Antwort war: „…"
Auch Zolleinnehmer kamen und wollten sich taufen lassen. Sie fragten Johannes: „Und was sollen wir tun?" Zu ihnen sagte er: „…"
Zu den Soldaten, die mit der gleichen Frage kamen, sagte er: „…"
Die Leute waren voller Erwartung und fragten, ob Johannes der versprochene Retter sei. Da erklärte er allen: „Ich taufe euch nur mit Wasser. Es kommt aber der, der viel mächtiger ist als ich. Ich bin nicht gut genug, ihm die Schuhe aufzubinden. Er wird euch mit heiligem Geist taufen …"
Mit diesen und vielen anderen Worten rüttelte Johannes das Volk auf und verkündigte ihm seine Botschaft. Er tadelte auch den Fürsten Herodes, weil er Herodias, die Frau seines Bruders, geheiratet und auch sonst viel Unrecht getan hatte. Deswegen ließ Herodes ihn ins Gefängnis werfen und lud zu allem anderen auch noch diese Schuld auf sich.

Aufgaben:

Schlage Lk 3 auf und schreibe die Antworten des Johannes an die Menschen auf.

1. Johannes antwortet den Leuten allgemein:

____

____

____

2. Johannes antwortet den Zolleinnehmern:

____

____

3. Johannes antwortet den Soldaten:

____

____

Station 5

Johannes tauft Jesus

Name: ______

Aufgabe:

Bringe den Text in Ordnung und schreibe ihn auf.

ZUSAMMENMITALLENANDERENHATTESICHAUCHJESUSTAUFENLASSEN. DANACH,ALSER BETETE,ÖFFNETESICHDERHIMMEL.DERHEILIEGEGEISTKAM SICHTBARAUFIHNHERAB, ANZUSEHENWIEEINETAUBE. UNDEINESTIMMESAGTEVOMHIMMELHER:“DUBISTMEINSOHN, DIRGILTMEINELIEBE,DICHHABEICHERWÄHLT.“

______

______

______

______

______

______

______

Station 6

Name: ______________________

Die Boten des Täufers

Johannes hörte im Gefängnis von den vielen Taten Jesu. Er rief zwei von seinen Jüngern zu sich und schickte sie mit der Frage zu Jesus: „Bist du der Retter, der kommen soll, oder müssen wir auf einen anderen warten?“ Die beiden kamen zu Jesus und sagten zu ihm: „Der Täufer Johannes hat uns zu dir geschickt, um dich zu fragen: ’Bist du der Retter, der kommen soll, oder müssen wir auf einen anderen warten?’“
Jesus heilte damals gerade viele Leute von Krankheiten und schlimmen Leiden; er befreite Menschen von bösen Geistern und gab vielen Blinden das Augenlicht. Er antwortete den Boten: „Geht zurück zu Johannes und berichtet ihm, was ihr hier gesehen und gehört habt: Blinde sehen, Gelähmte gehen, Aussätzige werden gesund, Taube hören, Tote stehen auf und den Armen wird die Gute Nachricht verkündet. Freuen darf sich jeder, der nicht an mir irre wird.“

Aufgabe 1:

Jesus weist Johannes hier auf einen alttestamentlichen Text hin. In diesem wird die Heilszeit Gottes beschrieben. Schlage im Alten Testament nach (Jes 35,5 f. und Jes 61,1)

Jes 35,5 f.: ______________________

____

____

____

____

Jes 61,1: ______________________

____

____

____

Aufgabe 2:

Was meint Jesus, wenn er dem Johannes sagt: „Freuen darf sich jeder, der nicht an mir irre wird“?

____

____

Station 7

Johannes wird enthauptet

Name: ______________________

König Herodes hatte Johannes festnehmen und gefesselt ins Gefängnis werfen lassen, Der Grund dafür war: Herodes hatte seinem Bruder Philippus die Frau, Herodias, weggenommen und sie geheiratet. Johannes hatte ihm daraufhin vorgehalten: „Es war dir nicht erlaubt, sie zu heiraten." Herodes hätte ihn deshalb gerne getötet, aber er hatte Angst vor dem Volk, das Johannes für einen Propheten hielt.
Als nun Herodes Geburtstag hatte, tanzte die Tochter von Herodias vor den Gästen. Das gefiel Herodes so gut, dass er ihr versprach: „Ich schwöre dir, ich gebe dir alles, was du willst."
Auf Anraten ihrer Mutter bat sie: „Lass mir den Kopf des Täufers Johannes hierher bringen!" Da wurde Herodes traurig, aber weil er vor allen Gästen einen Schwur geleistet hatte, befahl er, den Wunsch des Mädchens zu erfüllen. Er schickte den Henker ins Gefängnis, der enthauptete Johannes und brachte den Kopf auf einem Teller und überreichte ihn dem Mädchen. Das gab ihn seiner Mutter weiter.
Die Jünger von Johannes holten den Toten und begruben ihn. Danach gingen sie zu Jesus und berichteten ihm, was geschehen war.

Aufgabe 1:

Der Name des Mädchens wird von den Evangelisten nicht genannt. Ein späterer Geschichtsschreiber hat ihn überliefert. Finde den Namen der Tochter der Herodias mithilfe des Internets heraus.

Das Mädchen hieß: ______________________

Aufgabe 2:

Die Geschichte oben endet damit, dass die Jünger sich aufmachen, Jesus von den Ereignissen zu berichten. Bildet eine kleine Gruppe von 3-4 Schülern und entwerft das Gespräch der Jünger mit Jesus. Bereitet euch darauf vor, dieses in verteilten Rollen später vorzutragen.

Station 8

Johannes der Täufer in der Kirchengeschichte

Name: ____________________

Johannes der Täufer ist einer der bedeutendsten Heiligen der katholischen und auch der evangelischen Kirche. Er gilt als der letzte und wichtigste der alttestamentlichen Propheten und zugleich als Wegbereiter Jesu.

An seine Geburt erinnert man sich am 24. Juni, dem Johannistag. Er wird fast überall von den Christen gefeiert – in der katholischen Kirche als Hochfest. Um den Johannistag ranken sich zahlreiche Bräuche. Das Datum leitet sich davon ab, dass Johannes nach dem Lukasevangelium sechs Monate älter als Jesus war; also wurde der Johannistag auf sechs Monate vor Weihnachten gelegt. Auch sein Todestag ist ein Gedenktag (29. August – Enthauptung Johannes des Täufers), er wird aber nicht so sehr gefeiert wie der Johannistag.

Dargestellt wird Johannes meistens mit einem Fellgewand, einem Kreuzstab oder einem Lamm. Viele Künstler malen ihn mager und mit langen Haaren.

Aufgaben:

1. An vielen Orten wird in der Johannisnacht ein Johannisfeuer angezündet. Stelle fest, ob es diesen Brauch auch in deinem Heimartort gibt und wo genau das Feuer entzündet wird.

____

____

2. Recherchiere im Internet, welche christliche Symbolik mit dem Johannisfeuer verbunden wird.

____

3. Finde im Internet eine sogenannte „Bauernregel“ oder „Wetterregel“ für den Johannistag und schreibe sie auf.

____

____

____

____

Name: ____________

Kaiser Augustus

„Es begab sich aber zu der Zeit, dass ein Gebot von dem Kaiser Augustus ausging, dass alle Welt geschätzt würde.“ So beginnt die Weihnachtsgeschichte nach der Übersetzung von Martin Luther.

Aufgabe 1:

Wer war Kaiser Augustus? Recherchiere im Internet oder schlage in einem Lexikon nach.

____

____

____

____

____

Aufgabe 2:

Die Karte zeigt die Ausdehnung des römischen Reiches zur Zeit des Kaisers Augustus. Besorge dir eine Karte vom Mittelmeerraum und zeichne folgende Städte auf der Karte oben ein:

ROM – ATHEN – JERUSALEM

Station 2

Kaiser Tiberius

Name: ____________________

Als Jesus seine Botschaft verkündete und schließlich gekreuzigt wurde, herrschte Kaiser Tiberius in Rom.

Tiberius Iulius Caesar Augustus wurde im Jahr 42 v. Chr. geboren. Er war der Stiefsohn von Kaiser Augustus und folgte ihm auf dem Thron. Er starb im Jahr 37 n. Chr. und herrschte als römischer Kaiser von 14 bis 37 n. Chr.

Tiberius setzte die Politik seines Vorgängers Augustus fort. Er war auf eine gerechte Verwaltung und auf Sparsamkeit bedacht.

Dem Kaiser zu Ehren gründete König Herodes Antipas eine Stadt am See von Genezareth, die er „Tiberias“ nannte. Deswegen wird der See von Genezareth auch manchmal „See von Tiberias“ genannt.

Jesus wurde einmal gefragt, ob es recht ist, dem (heidnischen) Kaiser Steuer zu entrichten. Er ließ sich daraufhin eine Münze zeigen und fragte, wessen Bild darauf sei. Darauf war Kaiser Tiberius abgebildet. Jesus sagte darauf:

„____

____

____“

Aufgaben:

1. Lies in Mt 22,15 ff. nach und ergänze oben, was Jesus antwortet.
2. Finde die Besonderheiten des See Genezareth, sowie seine Bedeutung zur Zeit Jesu und heute, heraus. Recherchiere im Internet.

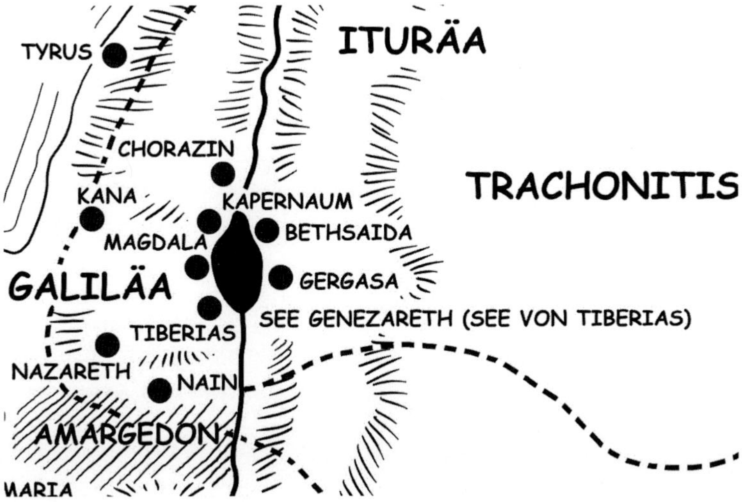

Der See Genezareth, manchmal auch See von Tiberias genannt

Station 3

Name: ____________________

Herodes der Große

Herodes der Große, um 73 v. Chr. geboren, im Jahr 4 v. Chr. gestorben, war König über Judäa, Galiläa, Samarien und andere Gebiete. Als von Rom eingesetzter und gestützter Vasallenkönig war er natürlich dem Kaiser unterstellt.

Im Matthäusevangelium wird vom Kindermord in Bethlehem berichtet. Herodes hatte von den Sterndeutern (viele sagen: die Heiligen Drei Könige) erfahren, dass in Bethlehem der neue König geboren worden sei. Da er nicht wusste, welches der Neugeborenen der neue König sein sollte, ließ er alle Knaben, die zwei Jahre und jünger waren, in Bethlehem töten. Josef und Maria hatten Bethlehem zusammen mit dem Jesuskind aber schon längst verlassen.

Aufgabe 1:

Notiere den Bericht (Mt 2,16).

____

____

____

____

____

Manche Wissenschaftler meinen, dass dieser Bericht nicht wahr sein könne, weil man sonst nirgendwo etwas von dem grausamen Geschehen erwähnt findet.

Herodes ist in der Tat sehr misstrauisch und grausam gewesen. Er hat einige seiner Söhne hinrichten lassen, weil er glaubte, sie wollten ihn vom Thron stoßen. Er ließ auch eine seiner Ehefrauen aus Missgunst töten. Eine solche grausame Ermordung aller kleinen Jungen kann man ihm ohne Weiteres zutrauen.

Auffällig ist, dass er im Jahr 4 v. Chr. schon gestorben ist. Bei der Zeitumrechnung hat sich aber ein Fehler eingeschlichen. Jesus ist daher nicht im Jahr 0 geboren, sondern im Jahr 6 v. Chr. Herodes hat also noch gelebt, als Jesus geboren wurde.

Aufgabe 2:

Betrachte das Bild links und verfasse ein Elfchen über die dargestellte Situation.

Station 4

Herodes Antipas, der Fürst, der Jesus verhörte

Name: ______________________

Herodes Antipas wurde um 20 v. Chr. geboren. Er starb um 39 n. Chr. Er war ein Sohn Herodes' des Großen, und herrschte zur Zeit Jesu als Vierfürst in Galiläa.
Herodes Antipas hatte Johannes den Täufer einkerkern lassen, weil der ihn wegen des Ehebruches mit seiner Schwägerin Herodias getadelt hatte. Herodias fand dann schließlich eine Gelegenheit, Johannes hinrichten zu lassen.
In Lk 23 wird berichtet, dass Jesus nach seiner Verhaftung auch zu Herodes Antipas gebracht wurde.

Der Bericht lautet:

Als Pilatus das hörte, fragte er, ob der Mann aus Galiläa sei. Man bestätigte ihm, dass Jesus aus dem Herrschaftsbereich von Herodes stamme. Da ließ Pilatus ihn zu Herodes bringen, der zu dieser Zeit ebenfalls in Jerusalem war.

Aufgabe 1:

Notiere hier den Text Lk 23,8–10:

____

____

____

____

____

Herodes und seine Soldaten trieben ihren Spott mit Jesus. Zum Hohn zogen sie ihm ein Prachtgewand an. In diesem Aufzug schickte Herodes ihn zu Pilatus zurück. Herodes und Pilatus hatten sich früher gehasst, aber an diesem Tag wurden sie Freunde.

Aufgabe 2:

Warum spricht Jesus nicht mit Herodes Antipas? Kreuze an.

- ☐ Jesus verachtet ihn
- ☐ Jesus hält ihn für unbedeutend
- ☐ Jesus will nicht Ziel der fürstlichen Neugier sein
- ☐ Jesus ist ärgerlich über ihn

Station 5

Pontius Pilatus

Name: ____________

Pontius Pilatus, der einzige Name außer Maria, der Mutter Jesu, der im Glaubensbekenntnis genannt wird. Wer war das genau?

Sein Geburts- und sein Todesjahr sind nicht bekannt. Als Statthalter (genauer Titel: Präfekt) in Jerusalem war er tätig von 26 bis 36 n. Chr.
Im Neuen Testament wird er zuerst erwähnt, weil er Pilger aus Galiläa niedermetzeln ließ. Warum das geschah, ist nicht geklärt.
Bekannt wurde er, weil er Jesus zum Tod am Kreuz verurteilte, obwohl er wusste, dass er unschuldig war.

Aufgabe 1:

Lies in Lk 23,13–25 nach. Dreimal wird hier darauf hingewiesen, dass Pilatus Jesus gerne freilassen wollte.

Notiere die Verse.

1. ____________

2. ____________

3. ____________

Aufgabe 2:

Notiere den Text, der Pilatus als schwächlichen Menschen darstellen, der seine Überzeugung nicht vertreten kann (Lk 23,24 f.).

____

____

____

____

____

____

Station 6

Redensarten um Pilatus

Name: ____________________

„Ich wasche meine Hände in Unschuld!“

Aufgabe 1:

So hat Pilatus das nicht gesagt. Diese Redensart bezieht sich auf Kap. 27, Vers 24 des Matthäusevangeliums.
Notiere den Vers.

____

____

____

Kreuze an, was diese Redensart bedeutet.

- ☐ „Macht doch, was ihr wollt!“
- ☐ „An dem Unrecht, das jetzt geschieht, habe ich keine Schuld.“
- ☐ „Ich habe keine Ahnung, was hier passiert.“

„Von Pontius zu Pilatus laufen“

Aufgabe 2:

Diese Redensart bezieht sich auf das Herumschicken von Jesus vor der Verurteilung. Eigentlich müsste die Redensart heißen: „Von Pilatus zu Herodes und wieder zu Pilatus laufen“.

Kreuze an, was damit gemeint ist.

- ☐ Lange Wege laufen müssen, um ans Ziel zu kommen
- ☐ Sinnlose Wege machen müssen, ohne ans Ziel zu kommen
- ☐ sich bei vielen Ämtern durchfragen müssen

Der Hohepriester Kaiphas

Name: ______________________

Der Hohepriester (oder Oberste Priester) war das Oberhaupt der jüdischen Religionsgemeinschaft. Zur Zeit des Auftretens Jesu hatte Kaiphas (oder Kajaphas) dieses Amt inne.

Aufgabe 1:

Lies folgenden Bericht.

Die Männer, die Jesus verhaftet hatten, brachten ihn in das Haus des Obersten Priesters Kajaphas, wo schon die Gesetzeslehrer und Ratsältesten versammelt waren. ... Die führenden Priester und der ganze Rat versuchten nun Jesus durch falsche Zeugenaussagen zu belasten, damit sie ihn zum Tod verurteilen könnten. Aber das gelang nicht, obwohl eine ganze Reihe von Zeugen auftrat. Schließlich kamen zwei und sagten: „Dieser Mann hat behauptet: 'Ich kann den Tempel Gottes niederreißen und ihn in drei Tagen wieder aufbauen!'"

Da stand der oberste Priester auf und fragte Jesus: „Hast du nichts gegen diese Anklagen vorzubringen?" Aber Jesus schwieg. Der Oberste Priester sagte: „Ich stelle dich unter Eid und frage dich im Namen des lebendigen Gottes: Bist du der versprochene Retter? Bist du der Sohn Gottes?" Jesus antwortete: „Ja. Aber ich sage euch, von jetzt an gilt: Ihr werdet den Menschensohn an der Seite des Allmächtigen sitzen und auf den Wolken des Himmels kommen sehen!"

Da zerriss der Oberste Priester sein Gewand und sagte: Das ist eine Gotteslästerung! Wir brauchen keine Zeugen mehr. Ihr habt es ja selbst gehört. Wie lautet euer Urteil?" – „Er hat den Tod verdient", riefen sie. Dann spuckten sie ihm ins Gesicht und ohrfeigten ihn. Andere schlugen ihn und höhnten: „Du Retter Israels, wer hat dich gerade geschlagen? Du bist doch ein Prophet!"

Aufgabe 2:

Was bedeutet das Zerreißen des Gewandes? Recherchiere im Internet.

____

____

____

____

Station 8

Anweisung an Sklaven und Herren

Name:

In der Bibel gibt es nur wenige Anweisungen an Könige oder andere Machthaber, wie sie sich verhalten sollen. Im Epheserbrief (Eph 6,5–9) gibt es aber Anweisungen an Sklaven und ihre Herren, wie sie miteinander umgehen sollen.

Aufgabe:

Trage die Verse in Schönschrift ein und gestalte den Rand ansprechend.

Station 2: Presseerklärung des Petrus — Seite 9

1. Elia war ein Prophet aus der Zeit des Alten Testaments.
2. Mose war der Führer und Gesetzgeber des Volkes Israel, das er aus der ägyptischen Sklaverei führte.
3. Das war die Stimme Gottes.

Station 3: Petrus meint, dass er versagt hat — Seite 10

Die richtige Reihenfolge der einzusetzenden Wörter lautet: Figur, Meister, Palast, Feuer, Vorhalle, Anhängern, Dialekt, Hahn, Abend, Stich, Versagen.

Station 4: Rätselhafter Satz — Seite 11

Aufgabe 1:
Der Spiralsatz lautet: Jesus gibt keinen Menschen auf. Der Versager Petrus wird sogar der Anführer der Apostel und der jungen Kirche.

Aufgabe 2:
a) *Die drei Befehle Jesu lauten:* Weide meine Lämmer; Weide meine Schafe; Weide meine Schafe.
b) *Der Auftrag, den Petrus erhält, lautet (sinngemäß):* Werde der Anführer meiner Anhänger!

Station 5: Jesus und Petrus auf dem See Genezareth — Seite 12

Gleich darauf schickte Jesus seine Jünger im Boot voraus ans andere Seeufer. Er selbst ließ die Leute nach Hause gehen und stieg dann alleine auf einen Berg um zu beten. Als es dunkel wurde, war er immer noch dort. Das Boot mit den Jüngern war inzwischen weit draußen auf dem See. Der Wind trieb ihnen die Wellen entgegen und machte ihnen schwer zu schaffen. Gegen Morgen kam Jesus auf dem Wasser zu ihnen. Als sie ihn auf dem Wasser gehen sahen, erschraken sie. Sie meinten, es sei ein Gespenst, und schrien vor Angst. Sofort sprach Jesus sie an: „Erschreckt nicht! Ich bin's, habt keine Angst."
Da sagte Petrus: „Herr, wenn du es wirklich bist, dann befiehl mir, auf dem Wasser zu dir zu kommen!" – „Komm!", sagte Jesus. Petrus verließ das Boot und ging auf dem Wasser auf Jesus zu. Als er aber die hohen Wellen sah, bekam er Angst. Er begann zu sinken und schrie: „Hilf mir, Herr!" Jesus streckte sofort seine Hand aus, fasste Petrus und sagte: „Du hast zu wenig Vertrauen. Warum bist du so halbherzig?" Dann stiegen beide ins Boot und der Sturm legte sich. Da warfen sich die Jünger im Boot vor Jesus nieder und riefen: „Du bist wirklich der Sohn Gottes!"

Station 6: Petrus will Jesus verteidigen

Seite 13

Der Text lautet: Nach dem Essen ging Jesus mit seinen Jüngern in den Garten Gethsemane. Es war inzwischen ganz dunkel geworden. Die Jünger legten sich zum Schlafen nieder, während Jesus betete. Er wusste, dass er sterben musste und bat Petrus und die anderen, mit ihm zu wachen und zu beten. Aber die Jünger schliefen immer wieder ein. Da näherten sich Soldaten. Sie hatten den Befehl Jesus zu verhaften. Judas, einer der Jünger hatte sich bereiterklärt, die Soldaten dahin zu führen, wo sie Jesus finden konnten. Petrus sprang erschrocken auf, zog sein Schwert und schlug einem Diener der obersten Priesters ein Ohr ab. Jesus sagte ihm: „Steck dein Schwert weg!" Er berührte das verletzte Ohr und heilte es. Petrus und die anderen Jünger brachten sich im Dunkeln in Sicherheit.

Station 7: Petrus holt eine Verstorbene ins Leben zurück

Seite 14

Die Sätze lauten: In Joppe wohnte eine Christin mit Namen Tabita. Sie hatte viel Gutes getan und den Armen geholfen. Nun aber war sie krank geworden und gestorben. Man hatte sie gewaschen und im Obergemach aufgebahrt. Man ließ Petrus, der in der Nähe war, holen. Man führte Petrus in das Obergemach. Die Witwen der Gemeinde drängten sich um ihn. Sie zeigten ihm weinend die Kleider, die Tabita für sie gemacht hatte. Petrus schickte sie alle aus dem Zimmer, kniete nieder und betete. Dann sagte er: Tabita, steh auf! Sie öffnete die Augen und als sie Petrus erblickte, setzte sie sich auf. Er reichte ihr die Hand und half ihr auf die Füße. Dann rief er die Witwen und führte ihnen die lebendige Tabita zu.

Station 8: Kreuzworträtsel – Petrus

Seite 15

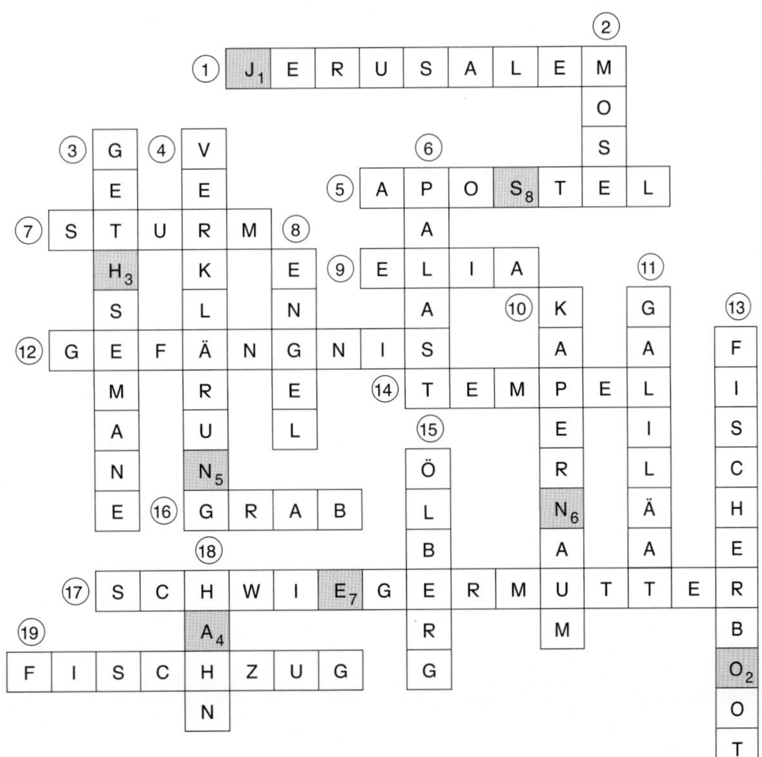

	1	2	3	4	5	6	7	8
Lösungswort:	J	O	H	A	N	N	E	S

Station 1: Paulus erzählt von sich

Seite 16

Die richtige Reihenfolge: 2, 5, 1, 3, 6, 4

Station 2: Paulus vor Damaskus

Seite 17

Saulus bekämpfte heftig die Christen, um sie auszurotten. Vom obersten Priester ließ er sich Empfehlungsbriefe an die jüdische Gemeinde in Damaskus geben. Auch dort wollte er nach Christen suchen und sie gefangen nach Jerusalem bringen, Männer und Frauen.
Auf dem Weg nach Damaskus, kurz vor der Stadt, umstrahlte ihn plötzlich ein Licht vom Himmel. Er stürzte zu Boden und hörte eine Stimme: „Saul Saul, warum verfolgst du mich?“ „Wer bist du, Herr“, fragte er. „Ich bin Jesus, den du verfolgst“, sagte die Stimme. „Doch nun steh auf und geh in die Stadt. Dort wirst du erfahren, was du tun sollst.“
Den Männern, die Saulus begleiteten, verschlug es die Sprache. Sie hörten zwar die Stimme, aber sie sahen niemanden. Als Saulus aufstand und die Augen öffnete, konnte er nicht mehr sehen. Da nahmen sie ihn an der Hand und führten ihn nach Damaskus. Drei Tage lang war er blind. Während dieser Zeit aß und trank er nichts.

Station 3: Paulus und Silas in Philippi

Seite 18

Die richtige Reihenfolge:
[1] Junge Wahrsagerin plötzlich dienstuntauglich
[2] Jüdische Fremdlinge verursachen Aufruhr
[3] Terroristen festgenommen und ausgepeitscht
[4] Erdbeben zerstört Schließanlage in der Justizvollzugsanstalt
[5] Gefängniswärter nimmt fremden Glauben an
[6] Stadtoberhäupter entschuldigen sich

Station 4: Das Wunder von Troas

Seite 19

Aufgabe 1:
Die richtige Reihenfolge der einzusetzenden Wörter lautet: Halt, Morgen, Versammelten, Mitternacht, Lampen, Fensterbank, Stockwerke, Sorgen, Brot, Sonne, Mann, Freude.

Aufgabe 2:

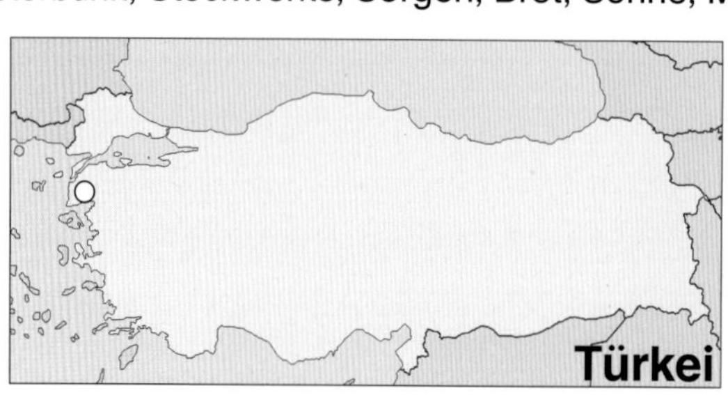

Station 5: Erlebnisse auf der Schiffsreise

Seite 20

„Wenn sie Schlangen anfassen oder Gift trinken, wird ihnen das nicht schaden und Kranke, denen sie die Hände auflegen, werden gesund“ (Mk 16,18 nach: Die gute Nachricht)

Station 6: Silbenrätsel

Seite 21

Die zu ermittelnden Wörter lauten: 1. Holzblock, 2. Erscheinung, 3. Insel, 4. Damaskus, 5. Erdbeben, 6. Nachlaufen, 7. Athen, 8. Pharisäer, 9. Obergewänder, 10. Silas, 11. Tarsus, 12. Eutychus, 13. Ladung.

Station 7: Die Verbrennung der Zauberbücher

Seite 22

Sinngemäß: Freiwillige Trennung von Büchern, die die Leute für schädlich hielten.

Station 1: Jesus beruft Matthäus

Seite 24

Aufgabe 1:
Die richtige Reihenfolge: 4, 3, 2, 1, 5

Aufgabe 2:
Die Redensart „Matthäi am letzten" bezieht sich auf das Ende der Welt.

Station 2: Evangeliar der Äbtissin Ada

Seite 25

Station 3: Markus schreibt das Leben Jesu auf

Seite 26

1. *sinngemäß:* Die Gedanken des Paulus finden sich bei ihm nicht, was unwahrscheinlich für einen Weggefährten des Paulus wäre.
2. *sinngemäß:* Er kennt sich mit den jüdischen Sitten nicht aus, außerdem scheint er Palästina nicht gut zu kennen.
3. *sinngemäß:* Im Jahr 70 wurde der Tempel in Jerusalem zerstört. Markus bezieht sich in seinem Evangelium darauf. Folglich kann sein Evangelium nicht vorher geschrieben worden sein.

Station 4: Eigenheiten des Markus

Seite 27

Aufgabe 1:
Das gesuchte Wort lautet: „alsbald"
Es bedeutet: „sofort darauf"

Aufgabe 2:
Der rätselhafte Satz lautet: Markus muss ein sehr lebhafter Mann gewesen sein.

Station 5: Kreuzworträtsel durch das Lukasevangelium — Seite 28

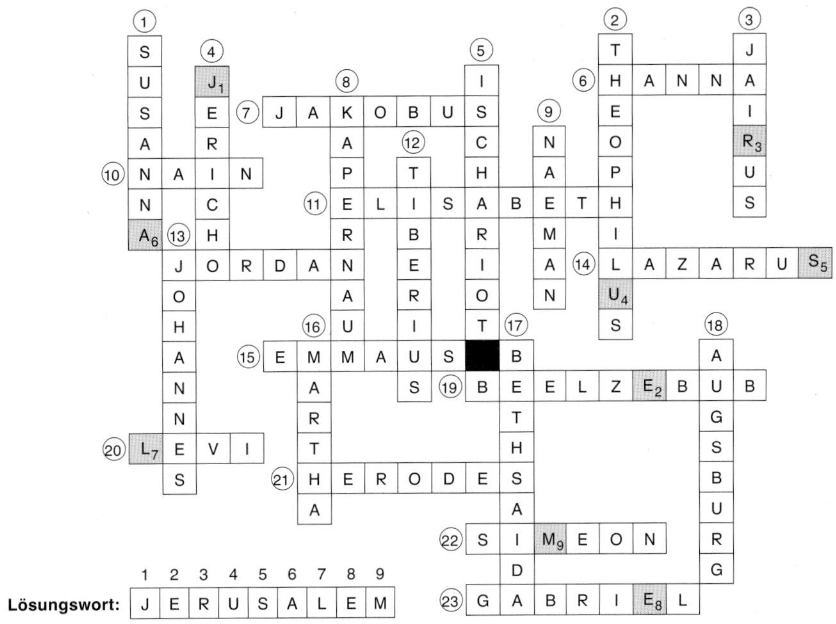

Hinweis: Die Schreibweise der gesuchten Begriffe entspricht der Luther-Übersetzung von 1912.

Station 6: Lukas, der Evangelist — Seite 29

Aufgabe 1:
Es fehlen Hinweise auf seinen Beruf als Arzt.

Aufgabe 2:
Der Bibelvers (Kol 4,14) lautet: „Es grüßt euch Lukas, der Arzt, der Geliebte, und Demas."

Station 7: Der Evangelist Johannes — Seite 30

1. Das St. Katharinenkloster befindet sich auf der Halbinsel Sinai, die zu Ägypten gehört.
2. Es wurde zwischen 548 und 565 n. Chr. gegründet.
3. Es liegt am Fuße des Berges Sinai, wo sich Gott Mose im brennenden Dornbusch offenbart haben soll.
4. *sinngemäß:* In die Welterbeliste werden nur Stätten aufgenommen, die nach Meinung des Welterbekomitees herausragende universelle Bedeutung aus historischen, künstlerischen oder wissenschaftlichen Gründen haben. Bei der Entscheidung über die Aufnahme werden die übergreifenden Kriterien der Einzigartigkeit, der Authentizität (historische Echtheit) und der Integrität (Unversehrtheit) angewendet, in Verbindung mit einem oder mehreren von insgesamt zehn UNESCO-Kriterien.

Station 8: Besonderheiten des Johannesevangeliums — Seite 31

Aufgabe 1:
Kapitel 6,35: „Ich bin das Brot des Lebens …"
Kapitel 8,12: Ich bin das Licht der Welt …"
Kapitel 10,7: „Ich bin die Tür …"
Kapitel 11,25: „Ich bin die Auferstehung …"
Kapitel 14,6: „Ich bin der Weg …"
Kapitel 15,1: „Ich bin der rechte Weinstock …"

Aufgaben 2:
Der gesuchte Bibelvers steht in Johannes 3,16.

Station 1: Die alte Frau im Tempel

Seite 32

Aufgabe 1:
Der Lösungssatz lautet: „Die hochbetagte Prophetin erkennt im Jesuskind den Beginn des Gottesreiches."

Aufgabe 2:
Der Name der Prophetin lautet: Hanna.
Ihr Alter beträgt: 15 + 7 + 84 = 106 Jahre

Station 2: Maria und Martha

Seite 33

1. *Jesus sagte:* „Martha, Martha, du sorgst und mühst dich um so viele Dinge, aber nur eines ist notwendig. Maria hat das Bessere gewählt und das soll ihr nicht weggenommen werden."
2. *sinngemäß:* Auf Gott hören ist besser als viel zu arbeiten.

Station 3: Das Vertrauen einer nichtjüdischen Frau

Seite 34

Aufgabe 1:
Die richtige Reihenfolge der einzusetzenden Wörter lautet: Gebiet, Erbarmen, Antwort, Kindern, Hunden, Brotkrumen, Vertrauen, Augenblick.

Aufgabe 2:
Der Bibelvers Mk 7,28 lautet: „Gewiss, Herr, aber die Hunde bekommen doch wenigstens die Brotkrumen, die die Kinder unter den Tisch fallen lassen."

Aufgabe 3:
Mit „böser Geist" ist eine schlimme Krankheit gemeint.

Station 4: Das Opfer der Witwe

Seite 35

Aufgabe 1:
Der Text lautet: Dann setzte sich Jesus im Tempel in der Nähe des Opferkastens nieder und beobachtete, wie die Besucher des Tempels Geld hinein warfen. Viele wohlhabende Leute gaben großzügig. Dann kam eine arme Witwe und steckte nur zwei kleine Kupfermünzen hinein. Da rief Jesus seine Jünger herbei und sagte zu ihnen: „Ich versichere euch: Diese Witwe hat mehr gegeben als alle anderen. Sie haben lediglich von ihrem Überfluss etwas abgegeben. Aber diese arme Witwe hat tatsächlich alles geopfert, was sie zum Leben hatte."

Aufgabe 2:
Richtig sind alle Antworten, die auf die Relation des Einkommens zur Opfergabe eingehen.

Station 6: Jesus und die Ehebrecherin

Seite 37

Aufgabe 1:
Die richtige Reihenfolge: 3, 2, 5, 1, 4, 7, 6

Aufgabe 2:
In 3. Mose 20,10 (Lev 20,10) steht: Wenn jemand mit der Frau eines anderen Israeliten Ehebruch begeht, müssen beide hingerichtet werden. (Die Gute Nachricht)

Station 7: Die Frauen am Grab

Seite 38

Station 8: Die erste Christin in Europa

Seite 39

1. in Griechenland
2. der Glaube an Jesus Christus
3. der Ruhetag der jüdischen Gläubigen
4. leuchtend roter Farbstoff
5. öffentliches Bekenntnis zum neuen christlichen Glauben

Station 1: Die Heilung des Gelähmten

Seite 40

Einige Männer brachten einen Gelähmten auf einer Tragbahre herbei. Sie wollten ihn in das Haus hineintragen und vor Jesus niederlegen. Aber wegen der Menschenmenge konnten sie nicht bis zu ihm durchkommen. So stiegen sie auf das Dach, deckten einige Ziegel ab und ließen die Bahre mit dem Kranken mitten in der Menge genau vor Jesus nieder. Als Jesus sah, wie groß ihr Vertrauen war, sagte er zu dem Kranken: „Deine Schuld ist dir vergeben!“ Die Gesetzeslehrer und Pharisäer dachten: „Wer ist das, dass er eine solche Gotteslästerung auszusprechen wagt! Niemand außer Gott kann uns unsere Schuld vergeben.“ Aber Jesus wusste, was sie dachten und fragte sie: „Was macht ihr euch da für Gedanken? Was ist leichter – zu sagen: 'Deine Schuld ist dir vergeben', oder: 'Steh auf und geh'? Aber ihr sollt sehen, dass der Menschensohn von Gott die Vollmacht hat, hier auf der Erde Schuld zu vergeben.“ Und er sagte zu dem Gelähmten: „Ich befehle dir: Steh auf, nimm deine Tragbahre und geh nach Hause!“ Alle konnten sehen, wie der Mann sogleich aufstand, die Bahre nahm, auf der er gelegen hatte, und nach Hause ging. Dabei pries er Gott. Eine große Erregung erfasste alle, die versammelt waren, und auch sie priesen Gott. Von Furcht erfüllt sagten alle: „Unglaubliche Dinge haben wir heute erlebt.“

Station 2: Der Mann mit der gelähmten Hand

Seite 41

Aufgabe 1:
Die einzufügenden Textstellen lauten:
„Steh auf und komm her!“
„Was darf man nach dem Gesetz am Sabbat tun? Gutes oder Böses? Darf man einem Menschen das Leben retten oder muss man ihn umkommen lassen?“
„Streck deine Hand aus!“

Aufgabe 2:
Lösung des Bilderrätsels: Ich kann mein Leben wieder selbst in die Hand nehmen.

Station 4: Der Taubstumme

Seite 43

Aufgabe 1:
Der Text lautet: Dort brachte man einen Taubstummen zu ihm mit der Bitte, ihm die Hände aufzulegen. Jesus führte ihn ein Stück von der Menge fort und legte seine Finger in die Ohren des Kranken; dann berührte er dessen Zunge mit Speichel. Er blickte zum Himmel empor, stieß einen Seufzer aus und sagte zu dem Mann: „Effata!“ Das heißt: 'Öffne dich!' Im selben Augenblick konnte der Mann hören, auch seine Zunge löste sich und er konnte richtig sprechen. Jesus verbot den Anwesenden, es irgendjemandem weiter zu sagen.

Aufgabe 2:
Das gesuchte Wort heißt: HEILAND

Station 5: Der Aussätzige — Seite 44

1. Knien war eine Geste der Demut. Wer kniet, erkennt die Überlegenheit des anderen an.
2. Aussatz ist eine ansteckende Hautkrankheit, viele setzen sie mit Lepra gleich.
3. Darunter sind alle jüdischen Reinheitsvorschriften zu verstehen.
4. Opfern von zwei Vögeln, Kleider waschen, baden, alle Haare abschneiden, sieben Tage vor dem Lager wohnen, zwei Lämmer opfern, wieder baden usw.

Station 6: Achtunddreißig Jahre krank — Seite 45

1. JERUSALEM

Station 7: Zwei Blinde — Seite 46

Aufgabe 1:
Der Text lautet: Als Jesus von dort wegging, liefen zwei Blinde hinter ihm her und riefen: „Du Sohn Davids, hab Mitleid mit uns!" Als er ins Haus ging, folgten sie ihm und er fragte sie: „Traut ihr mir denn zu, dass ich euch helfen kann?" – „Aber ja, Herr", antworteten sie. Da berührte Jesus ihre Augen und sagte: „Was ihr mir zutraut, das soll geschehen." Da konnten sie sehen. Jesus befahl ihnen streng: „Seht zu, dass es niemand erfährt!" Sie aber gingen weg und erzählten von Jesus in der ganzen Gegend.

Aufgabe 2:
Der Vers aus dem Alten Testament lautet: „Ich bin der Herr, dein Arzt!"

Station 8: Eine Totenerweckung — Seite 47

Die richtige Reihenfolge: 2, 7, 4, 3, 5, 1, 6

Station 1: Ankündigung der Geburt Johannes des Täufers — Seite 48

1. „Held Gottes“ oder „Kraft Gottes“.
2. *sinngemäß:* Zacharias glaubt dem Engel nicht, weil er und seine Frau eigentlich zu alt sind, um Kinder zu bekommen.
3. *In 2. Mose 30,7 (Ex 30,7) steht:* „Und Aaron soll darauf räuchern gutes Räucherwerk alle Morgen, wenn er die Lampen zurichtet.“

Station 2: Gabriel erscheint dem Zacharias — Seite 49

Station 3: Geburt Johannes des Täufers — Seite 50

Aufgabe 1:
Die Reihenfolge der einzusetzenden Wörter lautet: Entbindung, Nachbarn, Beweis, Tage, Zacharias, Verwandtschaft, Zeichen, Schreibtafel, Augenblick, Staunen, Kind, Besonderes.

Aufgabe 2:
„Gott ist gnädig“ oder „Gott hat Gnade erwiesen“.

Station 4: Johannes der Täufer tritt in die Öffentlichkeit — Seite 51

1. „Wer zwei Hemden hat, soll dem eins geben, der keines hat. Und wer etwas zu essen hat, soll mit dem teilen, der hungert.“
2. „Verlangt nicht mehr, als festgesetzt ist.“
3. „Beraubt und erpresst niemand, sondern gebt euch mit eurem Sold zufrieden.“

Station 5: Johannes tauft Jesus — Seite 52

Der Text lautet: Zusammen mit allen anderen hatte sich auch Jesus taufen lassen. Danach, als er betete, öffnete sich der Himmel. Der Heilige Geist kam sichtbar auf ihn herab, anzusehen wie eine Taube. Und eine Stimme sagte vom Himmel her: „Du bist mein Sohn, dir gilt meine Liebe, dich habe ich erwählt."

Station 6: Die Boten des Täufers — Seite 53

Aufgabe 1:
Jes. 35,5f. lauten: „Dann können die Blinden wieder sehen und die Tauben können wieder hören. Dann springt der Gelähmte wie ein Hirsch und der Stumme jubelt vor Freude. In der Wüste brechen Quelle auf und Bäche ergießen sich durch die Steppe."
Jes. 61,1 lautet: „Der Geist des Herrn hat von mir Besitz ergriffen. Denn der Herr hat mich erwählt, um den Armen gute Nachricht zu bringen, den Verzweifelten neuen Mut zu machen, den Gefangenen zu verkünden: 'Ihr seid frei! Eure Fesseln werden gelöst!'"

Aufgabe 2:
singgemäß: Jesus meint, dass Johannes nicht aufhören soll, an ihn, den Retter, zu glauben.

Station 7: Johannes wird enthauptet — Seite 54

Aufgabe 1:
Salome

Station 8: Johannes der Täufer in der Kirchengeschichte — Seite 55

2. *sinngemäß:* Johannes sagte, Jesus werde mit „Feuer und mit Geist" taufen. Außerdem steht das Johannisfeuer, besonders auf Bergen und Erhöhungen, allgemein für das „Licht". Häufig wird das als Anspielung auf Jesus verstanden, der das „Licht der Welt" (Joh 8,12) ist.

Station 1: Kaiser Augustus

Seite 56

Aufgabe 1:
sinngemäß: Im Jahr 63 v. Chr. wurde Gaius Octavius in Rom geboren. Er wurde römisches Staatsoberhaupt und bekam vom römischen Senat (eine Art Parlament) den Titel Augustus „der Erhabene" verliehen. Augustus beherrschte die ganze damals bekannte Welt. Nach einigen Bürgerkriegen konnte er für eine lang andauernde Friedenszeit sorgen. Er starb im Jahr 14 n. Chr.

Aufgabe 2:

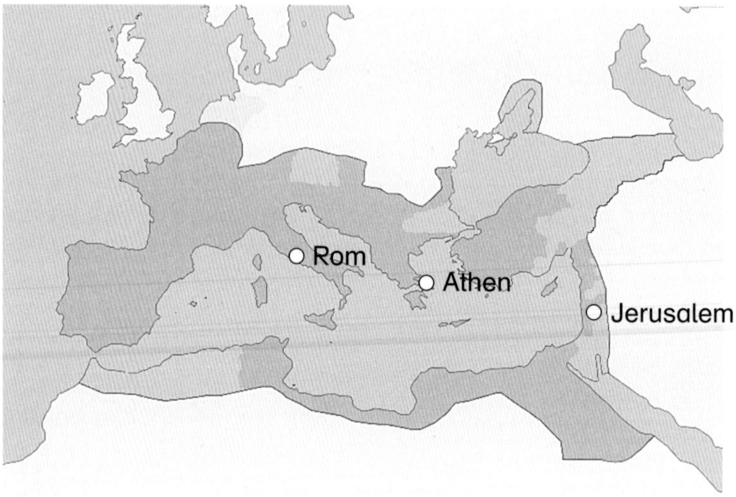

Station 2: Kaiser Tiberius

Seite 57

1. *In Mt 22,15 ff. steht:* „Dann gebt dem Kaiser, was dem Kaiser gehört, aber gebt Gott, was Gott gehört."
2. *sinngemäß:* Der See liegt 212 m unter dem Meeresspiegel und ist daher der tiefstgelegene Süßwassersee der Erde. Das Gebiet um den See war ein Zentrum des Wirkens Jesu. Damals wie heute dient er u. a. als wichtigstes Süßwasserreservoir.

Station 3: Herodes der Große

Seite 58

Aufgabe 1:
In Mt 2,16 (Die Gute Nachricht) steht: „Als Herodes merkte, dass die Sterndeuter ihn hintergangen hatten, wurde er sehr zornig. Er befahl, in Bethlehem und Umgebung alle kleinen Jungen bis zu zwei Jahren zu töten. Das entsprach der Zeitspanne, die er aus den Angaben der Sterndeuter entnommen hatte."

Station 4: Herodes Antipas, der Fürst, der Jesus verhörte — Seite 59

Aufgabe 1:
In Lk 23,8–10 steht: „Herodes freute sich sehr, als er Jesus sah, denn er wollte ihn schon lange einmal kennen lernen. Er hatte viel von ihm gehört und hoffte nun, selbst eines seiner Wunder mitzuerleben. Er stellte ihm viele Fragen, aber Jesus gab keine Antwort. Die führenden Priester und Gesetzeslehrer standen dabei und brachten ihre Beschuldigungen vor."

Aufgabe 2:
Jesus will nicht Ziel der fürstlichen Neugier sein.

Station 5: Pontius Pilatus — Seite 60

Aufgabe 1:
Lk 23,15.20.22

Aufgabe 2:
In Lk 23,24 f. steht: „Pilatus entschied, dass sie ihren Willen haben sollten. Er gab ihnen Jesus preis und den, der wegen Aufruhr und Mord im Gefängnis saß, gab er frei."

Station 6: Redensarten um Pilatus — Seite 61

Aufgabe 1:
In Mt 27,24 steht: Als Pilatus merkte, dass seine Worte nichts nützten und die Erregung der Menge nur noch größer wurde, nahm er Wasser und wusch sich vor allen Leuten die Hände. Dabei sagte er: „Ich habe keine Schuld am Tod dieses Mannes. Das habt ihr zu verantworten."

Aufgabe 2:
An dem Unrecht, das jetzt geschieht, habe ich keine Schuld.
Sinnlose Wege machen müssen, ohne ans Ziel zu kommen.

Station 7: Der Hohepriester Kaiphas — Seite 62

Das Zerreißen des Gewandes war ein Zeichen der Trauer und auch der Empörung.

Station 8: Anweisungen an Sklaven und Herren — Seite 63

In Eph 6,5–9 (Einheitsübersetzung) steht: Ihr Sklaven, gehorcht euren irdischen Herren mit Furcht und Zittern und mit aufrichtigem Herzen, als wäre es Christus. Arbeitet nicht nur, um euch bei den Menschen einzuschmeicheln und ihnen zu gefallen, sondern erfüllt als Sklaven Christi von Herzen den Willen Gottes! Dient freudig, als dientet ihr dem Herrn und nicht den Menschen. Denn ihr wisst, dass jeder, der etwas Gutes tut, es vom Herrn zurückerhalten wird, ob er ein Sklave ist oder ein freier Mann. Ihr Herren, handelt in gleicher Weise gegen eure Sklaven! Droht ihnen nicht! Denn ihr wisst, dass ihr im Himmel einen gemeinsamen Herrn habt. Bei ihm gibt es kein Ansehen der Person.

Bildquellenverzeichnis

Augustus Büste: © Bibi Saint-Pol, Wikimedia
http://commons.wikimedia.org/wiki/File:Augustus_Bevilacqua_Glyptothek_Munich_317.jpg

Bethesda: © Ariely, Wikimedia
http://commons.wikimedia.org/wiki/File:Pool_of_Bethesda1.jpg

Christus heilt einen Aussätzigen: © Sibeaster, Wikimedia
http://commons.wikimedia.org/wiki/File:Christ_cleans_leper_man.jpg

Christus und die Samariterin: © Angelika Kauffmann, Wikimedia
http://commons.wikimedia.org/wiki/File:Angelika_Kauffmann_-_Christus_und_die_Samariterin_am_Brunnen_-1796.jpeg

Frauen am Grab, Die: © Die Bibel in Bildern von Julius Schnorr von Carolsfeld. Pracht-Ausgabe, Wigand, Leipzig 1860.

Heilung des Gelähmten, Die: © Die Bibel in Bildern von Julius Schnorr von Carolsfeld. Pracht-Ausgabe, Wigand, Leipzig 1860.

Herodes: © Marie-Lan Nguyen, Wikimedia
http://commons.wikimedia.org/wiki/File:Herodes_Atticus_Louvre_Ma1164.jpg

Herodes der Große: © Peltimikko, Wikimedia
http://commons.wikimedia.org/wiki/File:HerodtheGreat2.jpg

Hohepriester: © James Tissot, Dauster, Wikimedia
http://commons.wikimedia.org/wiki/File:Tissot_Solomon_Dedicates_the_Temple_at_Jerusalem.jpg

Jesus und die Ehebrecherin: © Guercino, Wikimedia
http://commons.wikimedia.org/wiki/File:GuercinoAdultress1621Dulwich.jpg

Jesus wandelt auf dem Meer: © Die Bibel in Bildern von Julius Schnorr von Carolsfeld. Pracht-Ausgabe, Wigand, Leipzig 1860.

Johannes der Täufer: © Zenodot Verlagsgesellschaft mbH, Dieric Bouts, Wikimedia
http://commons.wikimedia.org/wiki/File:Dieric_Bouts_003.jpg

Johannes Geburt: © Zenodot Verlagsgesellschaft mbH, Pontormo, Wikimedia
http://commons.wikimedia.org/wiki/File:Jacopo_Pontormo_031.jpg

Johannes Geburt wird verkündet: © Die Bibel in Bildern von Julius Schnorr von Carolsfeld. Pracht-Ausgabe, Wigand, Leipzig 1860.

Katharinenkloster: © Berthold Werner, Wikimedia
http://commons.wikimedia.org/wiki/File:Katharinenkloster_Sinai_BW_2.jpg

Kindermord in Bethlehem: © Zenodot Verlagsgesellschaft mbH, Guido Reni, Wikimedia
http://commons.wikimedia.org/wiki/File:Guido_Reni_011.jpg

Landkarte Türkei: © KureCewlik81, Wikimedia
http://commons.wikimedia.org/wiki/File:Turkey_map_modern2.PNG

Lukas, Evangelist: © Guercino, Wikimedia
http://commons.wikimedia.org/wiki/File:Guercino_-_St_Luke_Displaying_a_Painting_of_the_Virgin_-_WGA10948.jpg

Markus, Evangelist: © Zenodot Verlagsgesellschaft mbH, Angelo Bronzino, Wikimedia
http://commons.wikimedia.org/wiki/File:Angelo_Bronzino_008.jpg

Matthäus, der Evangelist: © Zenodot Verlagsgesellschaft mbH, Evangeliar der Äbtissin Ada, Wikimedia
http://commons.wikimedia.org/wiki/File:Meister_der_Ada-Gruppe_002.jpg

Papyrus P52: © John Rylands Library, Wikimedia
http://commons.wikimedia.org/wiki/File:P52_verso.jpg

Paulus Bücherverbrennung: © Gustave Doré, Algebraa, Wikimedia
http://commons.wikimedia.org/wiki/File:Paulus_B%C3%BCcherverbrennung.jpg

Paulus von Tarsus: © LKA Nordrhein-Westfalen, Wikimedia
http://commons.wikimedia.org/wiki/File:PaulusTarsus_LKANRW.jpg

Peter's denial: © Anton Robert Leinweber, Wikimedia
http://commons.wikimedia.org/wiki/File:Robert_Leinweber_001.jpg

Pontius Pilatus Figur: © Wolfgang Sauber, Wikimedia
http://commons.wikimedia.org/wiki/File:Str%C3%A4ngn%C3%A4s_Dom_-_Hochaltar_-_Pontius_Pilatus.jpg

Pontius Pilatus Hände in Unschuld: © Zenodot Verlagsgesellschaft mbH, Albrecht Altdorfer, Wikimedia
http://commons.wikimedia.org/wiki/File:Albrecht_Altdorfer_025.jpg

Römisches Reich: © Louis Le Grand, Wikimedia
http://commons.wikimedia.org/wiki/File:Roman-Empire-Augustus.png

Salome: © Zenodot Verlagsgesellschaft mbH, Lucas Cranach der Ältere, Wikimedia
http://commons.wikimedia.org/wiki/File:Lucas_Cranach_d._%C3%84._015.jpg

Sauli Bekehrung: © Die Bibel in Bildern von Julius Schnorr von Carolsfeld. Pracht-Ausgabe, Wigand, Leipzig 1860.

Taufe Jesu: © Zenodot Verlagsgesellschaft mbH, Joachim Patinir, Wikimedia
http://commons.wikimedia.org/wiki/File:Joachim_Patinir_006.jpg

Tiberius Büste: © Saperaud, Wikimedia
http://commons.wikimedia.org/wiki/File:Tiberius_bust.jpg

Tiberius Münze: © cngcoins, Wikimedia
http://commons.wikimedia.org/wiki/File:Tiberius%26Livia_Aureus.jpg

Totenerweckung: © Die Bibel in Bildern von Julius Schnorr von Carolsfeld. Pracht-Ausgabe, Wigand, Leipzig 1860.

Auer

Auer empfiehlt

Die optimale Ergänzung zu diesem Buch:

84 S., DIN A4

- Best-Nr. **06517**

Tina Schauer, Inge Wittig

Katholische Religion an Stationen 5/6

Übungsmaterial zu den Kernthemen des Lehrplans, Klasse 5/6

- Mit Stationentraining gezielt üben!

Die handlungsorientierte Arbeit an Stationen fördert das selbstständige Lernen jedes einzelnen Schülers. Durch die Vielfalt der Aufgabenstellungen und damit auch der Lösungswege lernen alle Schüler trotz unterschiedlichster Lernvoraussetzungen besonders nachhaltig.
Die Inhalte der einzelnen Stationen decken die Kernthemen der Lehrpläne katholische Religion für die Klassen 5/6 ab.
So gelingt es Ihnen, Methodenlernen sinnvoll in Ihren Unterricht zu integrieren! Die Materialien sind auch für fachfremd unterrichtende Lehrer geeignet.

Die Themen:

- Schöpfung | Mit Jesus unterwegs | Ich und meine Freunde | Ein Symbol erleben: „Das Brot“

Dieser Band enthält:

- 8 bis 12 Stationen pro Themenbereich | insgesamt über 60 Arbeitsblätter als Kopiervorlagen | einen umfangreichen Lösungsteil

WWW.AUER-VERLAG.
WEBSERVIC

www.auer-verlag.de/go,

06517

Blättern im Buch

Download

Leseprobe

Weitere Titel zu dem Thema:

Arthur Thömmes

Die schnelle Stunde Religion

30 originelle Unterrichtstunden ganz ohne Vorbereitung!

72 S., DIN A4

- Best-Nr. **07123**

Wolfgang Rieß, Reinhard Schlereth

Sternstunden Religion, Klasse 5/6

Besondere Ideen und Materialien zu den Kernthemen der Klassen 5/6!

136 S., DIN A4

- Best-Nr. **06117**

Anne-Christin Kohl, Ludgera Petersmann

Liebe, Sexualität ur Partnerschaft

Materialien für einen sc lerorientierten Religions terricht!

64 S., DIN A4

- Best-Nr. **06891**

Bestellschein (bitte kopieren und faxen/senden)

Ja, bitte senden Sie mir gegen Rechnung:

Anzahl	Best.-Nr.	Kurztitel
	06517	Katholische Religion an Stationen 5/6
	07123	Die schnelle Stunde Religion
	06117	Sternstunden Religion, Klasse 5/6
	06891	Liebe, Sexualität und Partnerschaft

☐ Ja, ich möchte per E-Mail über Neuerscheinungen und wichtige Termine informiert werden.

E-Mail-Adresse

Auer Verlag
Postfach 1152
86601 Donauwörth

Fax: 09 06 / 73-178
oder einfach anrufen:
Tel.: 09 06 / 73-240
(Mo-Do 8:00-16:00 & Fr 8:00-13:00)
E-Mail: info@auer-verlag.de

Aktionsnummer: 9066

Absender:

Vorname, Nachname

Straße, Hausnummer

PLZ, Ort

Datum, Unterschrift